Gib alles aus deinen Taschen -

das Unbekannte gibt dir mehr.

(Arabisches Sprichwort)

Christian Thomas Wolff

Marrakesch

In den Gassen der Medina

Aufzeichnungen einer Reise

Impressum:

© 2017 Christian Thomas Wolff

2. Auflage 2017

Umschlag, Illustration: Christian Thomas Wolff

Lektorat, Korrektorat: Christian Thomas Wolff

Übersetzung: Christian Thomas Wolff

Verlag und Druck: tredition GmbH, Halenreie 42, 22359 Hamburg

ISBN Taschenbuch: 978-3-7439-7522-4

ISBN Hardcover: 978-3-7439-7523-1

ISBN e-Book: 978-3-7439-7524-8

Bibliografische Information der Deutschen Nationalbibliothek: Die Deutsche Nationalbibliothek verzeichnet diese Publikation in der Deutschen Nationalbibliografie; detaillierte bibliografische Daten sind im Internet über http://dnb.d-nb.de abrufbar

Inhalt

Vorwort

Im September des Jahres 2016 buchte ich meine mehrwöchige Reise nach Marrakesch, welche ich im Dezember 2016 antreten sollte. Flug und Unterkunft in einem der so zahlreichen Riads in der Medina von Marrakesch, ohne Transfer.

Ich war innerlich bereit, mich auf das Abenteuer Marrakesch einzulassen, war neugierig auf diese traumschöne Märchenstadt, diese „über den Atlas geworfene Perle des Südens" - wie ein alter arabischer Dichter sie einmal nannte. Doch ich war gewarnt; hörte, Marrakesch sei die Stadt der Abzocke, kleinere und größere Betrügereien seien an der Tagesordnung - musste Vorsicht walten lassen, mit größerer Behutsamkeit vorgehen, als bei meinen früheren Reisen in den Maghreb und eine deutlich erhöhte Aufmerksamkeit bei meinen Begegnungen mit den Marrakschis an den Tag legen, um Einblicke in ihr Leben und ihren Alltag erhalten zu können. Würde es mir gelingen, mich schadlos zu halten von Lug und Betrug? Wahrscheinlich würde auch ich Fehler begehen beim Umgang mit ihnen, in meinem Verhalten, doch ich war bemüht, mich nicht übers Ohr hauen zu lassen - denn das mochte ich gar nicht. Ich wollte besonders den einfachen Menschen nahe sein, mich ein Stück weit einfühlen in ihren Alltag. Ich wählte daher als Unterkunft ein einfaches und kleines Riad im Viertel Sidi Ben Slimane, im nördlichen Teil der Medina aus. Mein weiteres Interesse galt den prachtvollen Zeugnissen arabisch-berberischer Architektur und Kunst, welche die verschiedensten marokkanischen Dynastien über Jahrhunderte hinterlassen haben: Paläste, Moscheen, Medresen, Mausoleen, Zaouias, Fontainen. Ich bereitete mich schon frühzeitig intensiv auf meine Reise vor, druckte

Stadt- und Straßenkarten von Marrakesch aus, um mir die Orientierung zu erleichtern, trug detaillierte Informationen zur Kunst- und Kulturgeschichte, zu geographisch-klimatischen Daten, zur Religion sowie zu Sehenswürdigkeiten der Stadt zusammen. Zudem sollten mir rechtzeitig eingeholte Informationen zu ganz praktischen Fragen rund um Infrastruktur, insbesondere Verkehr, Geldwechsel usw. das Fortbewegen in dieser Millionenstadt verbessern helfen.

Meine Vorfreude war groß, wie ich mich immer freute, meine Heimat mit ihren Menschen, welche ich wirklich akzeptiere, eine Zeitlang verlassen zu können, wenn ich die übersteigerte Ordnungsliebe, den Arbeitseifer, den ausgeprägten Regulierungswahn und die Engstirnigkeit einiger Menschen nicht mehr ertragen konnte, um einzutauchen in eine andere, exotische Welt - in eine Welt, in der Zeit keine überragende Bedeutung zu haben scheint, in der Phantasie und Wirklichkeit sich zu vermischen scheinen, in der nichts ist wie es scheint, in der Menschen darauf achten, ihre Sinne zu beglücken - in eine Welt voller Geheimnisse...

Der erste Tag

Ein sonnig-warmer Tag bei strahlendem Sonnenschein empfing mich am Flughafen Marrakesch-Menara. Die, in gleißendes Licht getauchten, schneebedeckten Gipfel des mächtigen Atlasgebirges in der Ferne und die hohen, majestätisch aufragenden Palmen im Vordergrund wirkten wie eine unwirkliche Kulisse. Militär bewachte den Eingang zum Flughafengebäude. Das Flughafengebäude war hell, modern und lichtdurchflutet; die Farbe weiß dominierte. Rauten und Sterne sind, ebenso wie stilisierte Blumenornamente, die Hauptmotive der tragenden Bauteile und des Innen- und Außendekors. In diesen geometrischen und stilisierten Mustern findet sich in moderner Form ein Charakteristikum der sich über Jahrhunderte hinweg entwickelten Ornamentik islamisch-arabischer Kunst wieder. Es war eine von Hektik entsagte, fast schon entspannte Atmosphäre in der Ankunftshalle, alles wirkte aufgeräumt, die Sicherheitsbeamten gingen getragenen Ganges; ihre Bewegungen waren behäbig und ruhig. Passkontrolle - der Passbeamte nahm den Pass und die Einreisekarte an sich, ohne aufzublicken; ein Lächeln lag auf seinem Gesicht. Er gab Daten in seinen Computer ein, verglich, kontrollierte, sein Gesichtsausdruck zeigte keine Regung - dann die obligatorischen Stempel in den Pass und die Einreisekarte. Er legte meinen Pass, ohne dass sich eine Regung in seinem Gesicht abzeichnete, wieder auf die Ablage. Jetzt noch Geldwechseln - ich erhielt für meine 100 Euro gut 1009 Dirham; ein nicht allzu guter Kurs, aber ich benötigte erstes Geld. Nachdem ich meinen Koffer vom Förderband genommen hatte, ging ich aus dem Flughafengebäude heraus, lief über einen Fußgängerüberweg und sah linker Hand auch schon meinen Bus, welcher an einem Taxistand hielt und mich in die Medina bringen sollte. Es war die Linie 19 der Busgesellschaft ALSA. Für das Ticket zur Medina, Place Jemaa El-Fna und zurück bezahlte ich 50 Dirham. Es war ein moderner, sauberer Stadtbus, welcher mich, vorbei an gepflegten, palmengesäumten Straßen, in rund zehn Minuten in die Medina fuhr.

Da sah ich sie zum ersten Mal, die gewaltige, hohe, in beige bis rötlich-braunem Ton gehaltene, Stadtmauer, durchbrochen vom Bab Jdid, durch welches wir in den geschäftigsten Teil der Medina, den Bereich um die Koutoubia-Moschee, gelangten. Konnte Abu Bakr Ibn Umar, der große Heerführer der aufstrebenden Berberdynastie der Almoraviden, dem hier vor beinahe 1000 Jahren die Errichtung eines befestigten Heerlagers zugeschrieben wird, erahnen, dass „sein" Lager bald zu einer großen Stadt, zur Hauptstadt seiner Dynastie und nachfolgender Dynastien heranwachsen wird? Die Lage in der weiten, fruchtbaren und gut kontrollierbaren Haouz-Ebene, war jedenfalls gut gewählt.

Ich war überrascht über das hohe Verkehrsaufkommen in der Medina, den Lärm und die Abgase, die ich deutlich wahrnehmen konnte. Schnell war ein Taxi gefunden, welche in großer Zahl die Straßen rund um die Koutoubya-Moschee befuhren. Ich gab dem Taxifahrer die Adresse meines Riads. Es wurde kurz um den Preis für die Taxifahrt verhandelt und nachdem der Taxifahrer nochmals um 10 Dirham mit dem Preis herunterging, willigte ich zu einem Preis ein, der mir für die weniger als zwei Kilometer lange Fahrt angemessen erschien. Im Viertel Sidi Ben Slimane angekommen, hielt er an, zeigte mit seinem Finger auf eine Gasse, in die ich laufe solle; hier gehe es mit dem Taxi nicht mehr weiter. Nachdem wir ausgestiegen waren, legte ich dem Taxifahrer eine

Straßenkarte vor und bat ihn mir zu zeigen, wo wir uns gerade befänden. Ich wollte von hier aus den Weg durch die Gassen zu meinem Riad erkunden. Er schaute die Karte aus sicherer Entfernung kurz an. Ich fragte ihn, ob das die Straße sei, auf der wir uns gerade befänden und zeigte mit dem Finger auf die Karte. Er bejahte, zeigte aber kein gesteigertes Interesse an der Karte oder den Straßennamen. Ich hatte den Eindruck, dass er mit der Karte eher wenig anzufangen wusste. Rasch wandte er sich seiner Suche nach Rückgeld zu. Unvermittelt kam ein forsch auftretender Jugendlicher mit Brille auf mich zu, versuchte seine Nase in den Zettel, auf dem der Name meines Riads vermerkt war, zu stecken, was ich mit einer raschen Handbewegung zu verhindern wusste und rief: „Where do you want to go?" Ich wollte nicht, dass der Jugendliche und damit gleich das halbe Viertel wusste, wo ich nächtige - nur nicht zu viel von sich preisgeben, soviel hatte ich bereits aus meinen vergangenen Reisen in den Maghreb gelernt. Er stand mit einer Gruppe anderer Jugendlicher nur wenige Meter vom Taxi entfernt und musste die Situation beobachtet haben. Er ergänzte, ebenfalls auf Englisch, dass ich keine Angst haben müsse und wir die Touristen schon nicht aufessen wollten. Ich schüttelte leicht, aber bestimmt den Kopf, drehte mich demonstrativ vom jungen Mann weg und wandte mich erneut dem Taxifahrer zu, welcher mir nun mein Rückgeld aushändigte und schließlich davon fuhr. Der junge Mann kam erneut auf mich zu und fragte, zu welchem Riad ich wolle. Die anderen Jugendlichen, zu denen er gehörte, beobachteten leicht schmunzelnd die Situation, rührten sich jedoch nicht vom Fleck. Ich entgegnete, dass ich mein Riad schon finden werde. So marschierte ich zügig in die Gasse, welche mir der Taxifahrer zugewiesen hatte. Weder der forsche Jugendliche noch die anderen der Gruppe folgten mir. Sehr bald tat sich zu meiner Linken eine hübsche Moschee mit Minarett auf, welche die Freitagsmoschee des Viertels sein mochte. Die Gasse, welche jetzt erste Kurven und Abzweigungen aufwies, führte mich immer weiter ins Viertel. Mein Riad war nirgendwo ausgeschildert. Der Name war weder auf Schildern zu lesen noch, wie bei anderen Riads, auf Mauern gekritzelt; die Gasse war auf meinen Karten nicht vermerkt. Ich fand mich nicht zurecht. Nach einer Weile, wurde ich erneut von einem Jugendlichen angesprochen. Er war weit weniger aufdringlich als der Jugendliche auf der Straße und machte einen recht sympathischen Eindruck. Wie aus dem nichts gesellte sich ein Jüngerer dazu, offenbar sein Freund. Ich war dankbar, dass Sie mir den Weg weisen wollten, den ich ohne ihre Hilfe wohl nicht gefunden hätte. Wir nahmen noch einige Gabelungen und Abzweigungen; die Gassen wurden schmaler und waren teilweise überdacht. Sie führten mich sicher zu meinem Riad. Ich bedankte mich bei Ihnen mit einem Trinkgeld, welches gut bemessen war und sie regungslos entgegennahmen. Daraufhin forderten sie das Vierfache dessen was ich ihnen gab - was ich ablehnte. Ich erklärte Ihnen, dass das Geld, was ich Ihnen gegeben hätte, genug sei. Sie akzeptierten schließlich und gingen von dannen.

Ein Hausmädchen führte mich hinein in den Innenhof, übergab mir den Zimmerschlüssel, den Schlüssel für die Haustüre und gab mir zu verstehen, dass ihre Patronne nicht da sei, sie mir aber schon mein Zimmer zeigen werde. Sie spreche nur Arabisch und ein wenig Französisch. Nachdem ich mein Zimmer bezogen hatte, wollte ich rasch wieder hinaus auf die Gassen, um mich mit der Gegend und ihren Bewohnern ein wenig vertraut zu machen und meine Orientierung zu verbessern. Wie konnte ich mich auf dem Weg zum Riad nur so verlaufen? Es ließ mir keine Ruhe. Als ich das Riad verließ und die Haustüre hinter mir zuzog, ging ich nach links in nördlicher Richtung die Gasse weiter entlang. „Es muss doch irgendeinen Zugang von dieser Gasse zu einer Straße geben", dachte ich mir. Nach wenigen Metern tat sich zu meiner rechten eine kleinere Baulücke auf: hier stand wohl einmal ein kleines Haus, ein Dar, welches irgendwann einmal abgerissen wurde; Reste von Bauschutt lagen noch auf dem Grundstück. Ich ging vorsichtig weiter. Dann, keine zwanzig Meter weiter eine Gabelung; ich entschied mich in die rechte Seitengasse zu gehen. Spielende Kinder bemerkten mich längst: „Fermé". „Ah!", erwiderte ich dankend, ging aber noch einige Meter weiter, um mich von ihrer Aussage zu überzeugen. Tatsächlich, eine Sackgasse. Ich trottete wieder zurück zur Gabelung und ging nun weiter geradeaus, in die andere Seitengasse hinein. Nach kurzer Wegstrecke stand ich vor einer Haustüre; rechts und links kleinere Türen und Verschläge. Die Gasse endete hier ebenfalls - kein Durchkommen. Es gab also nach Norden keine Verbindung zu irgendeiner Straße oder auch zu anderen Gassen. Ungläubig und enttäuscht fand ich wieder zum Riad zurück und ging nun in südlicher Richtung die Gasse hinunter. Ich fand die Straße, an dem mich das Taxi absetzte, zunächst nicht wieder und irrte orientierungslos herum. Das Viertel Sidi Ben Slimane, in welchem ich ich befand, liegt im nördlichen Teil der Medina. Es ist durchzogen von wenigen Straßen und zahlreichen breiteren bis sehr engen, verwinkelten Gassen. Durch ihre verwinkelte, labyrinthartige Anordnung mit zahlreichen

Kehren, Gabelungen, Abzweigungen und Sackgassen wurde meine Orientierung stark erschwert. Diese verwinkelte Anordnung sollte schon im Mittelalter Eindringlingen und Fremden die Orientierung erschweren und Verwirrung stiften, welche bei mir ebenfalls die gewünschte Wirkung erzielte. Zahlreiche Male verlief ich mich. Sackgassen schien ich geradezu anzuziehen. Spielende Kinder und herumhängende Jugendliche bestraften mich schmunzelnd und scheinbar belustigt wegen meiner Fehlversuche mit: „It's closed! Where do you want to go?" Ich gab ihnen zu verstehen, dass ich den Weg selbst finden wolle. Diese Gassen verändern ständig ihr Gesicht. Breitere Passagen wechseln ab mit immer enger werdenden, hoch aufragenden, schluchtartigen Durchgängen, die so schmal sind, dass zwei Menschen nur mit Mühe aneinander vorbei passen. Dann plötzlich Mauervorsprünge, steinerne Torbögen und überdachte, meist mit hölzernen Deckenbalken versehene, dunkle Durchgänge. Diese sind teilweise so niedrig, dass ein großgewachsener Mensch sie nur geduckt durchschreiten kann. In diesen düsteren, höhlenartigen Abschnitten überkam mich oft ein Gefühl der Beklemmung und auch ein wenig der Angst, besonders wenn Menschen an mir vorbei oder hinter mir herliefen. Ich tastete mich in seitliche Abzweigungen hinein, deren weiterer Verlauf, aufgrund der dort auch am Tag herrschenden Dunkelheit, nicht erkennbar war. Sie endeten meist an kleinen, niedrigen Haustüren oder Toren. Einige Haustüren und Verschläge waren teilweise einen Spalt oder ganz geöffnet. Ich konnte erkennen, dass sich dahinter winzige Hauseingänge oder Durchgänge zu tiefer liegenden Behausungen befanden. Es war bereits später Nachmittag. Ich hatte mich weit von meiner Unterkunft entfernt und wollte, noch vor

Einbruch der Dunkelheit, das Riad wieder erreichen. So konzentrierte ich mich auf meinem Rückweg zum Riad auf wichtige Wegmarken, die ich mir bei meinem Orientierungsspaziergang gemerkt hatte: die Freitagsmoschee des Viertels, ein Brunnen, Kioske, Laternen über Weggabelungen, Zeichen und Aufschriften auf Mauerwänden. Die Gassen waren jetzt außerordentlich belebt: Frauen, Männer, Kinder, Jugendliche, Touristen - sie alle waren unterwegs. Der Geräuschpegel in den Gassen stieg. Ich hatte noch zahlreiche falsche Gassen eingeschlagen, bis ich endlich mein Riad erreichte.

Verwinkelte Gassen im Viertel Sidi Ben Slimane

Das Riad und seine Gäste

Ich hatte mich im Riad Hcekarram einquartiert. Es ist eines von wohl weit über 300 restaurierten, ehemaligen Herrenhäusern mit Innenhof in Marrakeschs Medina, welche nun überwiegend touristisch genutzt werden. Dieses Gästehaus im marokkanischen Stil besitzt insgesamt fünf Gästezimmer, welche um einen Patio herum angeordnet sind. Mein Zimmer befand sich, wie drei weitere Zimmer, im ersten Stock und war über eine schmale, steile Treppe zu erreichen. Es war ein gemütliches Zimmer, welches landestypisch eingerichtet war. Die Besonderheit an diesem Zimmer war, dass der Schlafbereich und das Bad lediglich durch eine mannshohe Wand mit Durchgang voneinander getrennt war. Zwei kleine flügeltürige Fenster ließen ausreichend Licht und Luft ins Zimmer. Ich fühlte mich rasch wohl in meiner neuen Bleibe. Bald wurde deutlich, dass es nachts recht kalt im Zimmer wurde. Neben einem Baumwolllaken, konnte auch eine dünne Decke, welche ich über das Laken wickelte, nicht für die erforderliche Wärme sorgen; zudem war der Klimaanlage keine Warmluft zu entlocken. Also packte ich mich nachts dick ein und konnte so die Nächte ohne zu frieren recht gut überstehen.

Zum Frühstück, welches im Patio des Erdgeschosses an kleinen runden Tischen eingenommen wurde, gab es frisches Baguette mit Butter, Honig und Marmelade. Dazu wurde jeden Tag ein Rührei, ein kleiner Crêpe, welcher am Vortag gebacken und am Morgen kurz erwärmt wurde, sowie ein kleines süßes Teilchen, verschiedene Petit pains, mal mit Rosinen oder mit Schokolade oder ein kleines Croissant gereicht. Der Crêpe und die Petit pains schmeckten lecker. Ich wollte nicht jeden Tag ein Rührei essen und ließ es öfters stehen; das Mädchen servierte es mir trotzdem jeden Tag. Zudem reichte sie immer einen kalten Meloui marocain und einen Harcha, welche mir nicht so recht schmecken wollten und die ich bald nicht mehr anrührte. Zu trinken wurde eine Kanne heißer Kaffee serviert.

Saadia, ein Mädchen mit einem hübschen, runden Gesicht und Kopftuch, hatte morgens ihre immer gleichen Abläufe, von denen sie niemals abwich. Wenn Gäste herunterkamen, deckte sie als Erstes den Platz ein: eine gläserne Tasse oder eine eckige Porzellantasse, welche sie umgedreht auf den Tisch stellte; dazu Besteck und kleine, weiße Papierservietten. Nach einer Weile brachte sie das Baguettebrot, welches in dicken Scheiben in einem Körbchen serviert wurde; dazu einen kleinen Glasteller mit je einem kleinen Schälchen Butter, Honig und Marmelade. Nachdem sie den Crêpe aufgewärmt, das Rührei gebraten und die anderen Beilagen auf einem Teller drapiert hatte, wurden sie dem Gast gereicht. So hatte sie es offenbar gelernt. Alles lief ruhig und gemächlich ab. Zum Schluss stellte sie die Kanne mit dem Kaffee auf den Tisch. Da ich morgens gerne Milch trinke, fragte ich das Mädchen: „Avez-vous du lait, si`l vous plaît?" Sie brachte mir ein Glas kaltes Wasser. „Du l`eau ?" No, du lait". Ich versuchte es ihr zu erklären und zeigte auf eine Milchtüte in der kleinen Kochnische, in welcher sie das Frühstück zubereitete. Sie verstand offenbar nicht, war sich unsicher. „Du lait froid, s`il vous plaît, ce possible?" „Froid", sie nickte zögerlich. Als einige Zeit verstrichen war, brachte sie eine Kanne kochend heiße Milch. Das war dann doch zu viel für sie. Wie dumm von mir; ich hätte es wissen müssen. Das Mädchen schien auch nur wenig Französisch zu verstehen. Ich wollte sie nicht weiter in Verlegenheit bringen und trank jeden Tag meine heiße Milch, welche mir gut tat. Saadia war Köchin, Kellnerin, Zimmermädchen und Putzfrau - einfach Mädchen für alles. Ihre Arbeiten verrichtete sie jeden Tag in einer bestimmten Reihenfolge: Nach dem Frühstück den Eingangsbereich, dann die Zimmer reinigen, mittags die Dachterrasse nass wischen, Crêpes und Meloui backen, dazwischen telefonierte sie gerne und ausdauernd. Dies geschah immer dann, wenn ihre Patronne außer Haus war. Ihr langer Arbeitstag endete am frühen Abend. Die Besitzerin des Riads war Fatiha, eine junge Frau Anfang Zwanzig, welche fließend Englisch und Französisch sprach. Meist stand sie gegen 9 Uhr am Morgen auf und kam entweder aus einem gerade nicht vermieteten Zimmer im Erdgeschoss oder rollte ihr Nachtlager auf der Coach im Patio zusammen. Fatiha suchte während des Frühstücks keinen Kontakt zu ihren Gästen und griff auch nicht in die Abläufe während des Frühstücks ein. Ich verstand mich gut mit ihr. Bereitwillig beantwortete sie meine Fragen und freute sich über meine zaghaften Versuche, ein wenig Marokkanisch-Arabisch zu erlernen.

Es mochte wohl der fünfte Tag meines Aufenthaltes im Riad gewesen sein, als ich beim Frühstück am Tisch gegenüber einen neuen Gast bemerkte. Es war eine sehr schlanke Frau mittleren Alters. Wir nahmen rasch Blickkontakt auf, sie sprach mich an und wir kamen schnell ins Gespräch. Ich lud sie ein, sich zu mir an den Tisch zu setzten. „Wenn ich sie nicht störe." „Aber nein, sie stören mich nicht", entgegnete ich ruhig. Sie hieß Marianne, kam aus Flandern und sprach recht gut Deutsch. Neben Kopenhagen und Zürich habe sie fünf Jahre lang in Düsseldorf gearbeitet. Sie gab an, dass sie gestern den ganzen Tag unterwegs gewesen sei und kaum etwas gegessen habe. Sie sei erst mit mehrstündiger Verspätung im Riad angekommen; der Flieger habe über eine Stunde endlose Schleifen über Marokko gedreht. „Ich glaube, der König ist gestern in Marrakesch eingetroffen, da werden sie den Luftraum über Marrakesch weiträumig abgesperrt haben", gab ich ihr zu erklären. Freudig berichtete sie, dass die Chefin ihr gestern Abend spät aber noch etwas zu essen gemacht habe und weiter: „Heute morgen schaute sie aber ganz grimmig; offenbar hat sie heute schon früh Gäste zum Taxi begleitet." „Sonst steht sie immer erst gegen neun auf. Ich sehe sie manchmal im Schlafanzug aus ihrem Zimmer kommen, wenn ich frühstücke", ergänzte ich schmunzelnd. Marianne war ein wenig aufgeregt, wie ich sie während ihres einwöchigen Aufenthaltes oft erlebte. Ihr Bekannter, mit dem sie ihren Urlaub eigentlich gemeinsam verbringen wollte, habe gestern seinen Pass Zuhause liegen lassen und konnte daher nicht mitfliegen. Er bemühe sich um einen anderen Flug und werde wohl heute oder morgen nachkommen; das Reisebüro sei da sehr behilflich. Sie sprach von ihren Kindern, die gerade beim Vater seien. Es stellte sich heraus, dass sie von ihrem Mann getrennt lebt; die Kinder, welche bei ihr leben, vermissen den Vater sehr. Sie erkundigte sich bei mir nach den Sehenswürdigkeiten in Marrakesch. Ich gab ihr bereitwillig Auskunft, zeigte ihr die Stätten auf den Stadtplänen und konnte meine Eindrücke von meinen Besichtigungen, welche ich in den ersten Tagen unternommen hatte, schildern. Marianne machte sich zahlreiche Notizen und bedankte sich bei mir. Ich beobachtete, wie Marianne regelmäßig in ein kleines Büchlein kritzelte. Ob sie ihre Gedanken, plötzliche Einfälle oder ihre Pläne einfach schriftlich festhalten möchte? Oder ist es ein persönliches Tagebuch, das sie führt? Als ich ihr erzählte, dass ich ein kleines Buch über meine Reise schreiben wolle, gab sie zu verstehen, dass sie beabsichtige irgendwann einmal ihr Leben niederschreiben zu wollen. Das war es also, warum sie sich Notizen machte.

Am nächsten Tag lernte ich auf der Dachterrasse des Riads zwei neue Gäste kennen. Wir sahen uns bereits beim Frühstück. „Ich bin der Werner und das ist mein Sohn Johannes". Ich stellte mich ebenfalls vor und so kamen wir ins Gespräch. Sie kamen aus der Nähe von Rottweil und flogen von Basel aus. Ihnen gefiel es gut in Marrakesch. Werner: „Klasse, das Orientalische hier gefällt mir gut...". Werner und Johannes waren sehr ruhige und wortkarge Gäste. Sie lasen viel in Büchern und hielten sich oft auf der Dachterrasse des Riads auf, wo sie die Ruhe und die herrliche Aussicht genossen. Sohn, etwa achtzehn oder neunzehn Jahre alt, welcher offenkundig an spastischen Lähmungen litt und Vater vertrugen sich außerordentlich gut. Ihre seltenen Gespräche führten sie in einem ruhigen und freundlichen, wie es schien von gegenseitigem Respekt geprägten, Ton. Noch am gleichen Tag verabredeten wir uns zu einem gemeinsamen Abendessen in einer hübschen Taverne, welche sich ganz in der Nähe des kleinen Taxistandes befand. Es war ein harmonischer und friedlicher Abend in einer entspannten Atmosphäre.

Zwei Tage später gesellte sich ein Mann mittleren Alters zu Marianne an den Frühstückstisch. Wir kamen rasch ins Gespräch. Es war Bernard, Mariannes Reisepartner, der am gleichen Tag gegen zwei Uhr in der Nacht im Riad eintraf. Es stellte sich heraus, dass er mit einer Maschine aus Casablanca kam und von dort mit dem Zug nach Marrakesch reiste. Die Strapazen und der Schlafmangel der letzten 24 Stunden waren in seinem Gesicht deutlich abzulesen. Er sprach in einem gebrochenen

Deutsch; ich konnte ihn aber recht gut verstehen. Er war ein lustiger Typ, der gute Stimmung verbreitete. Unterdessen stand Marianne vor und bald in der kleinen Küche, wie sie es oft tat und Saadia ihre Wünsche vortrug: Heißes Wasser für ihre zahlreichen Tees, Kräutermischungen und Tabletten, (Marianne war Anhänger fernöstlicher Naturlehren) die sie aus Belgien mitbrachte. Sie redete auf französisch auf das Mädchen ein, was zu längeren Wortwechseln in der Küche führte. Doch rasch wurde klar, dass das Mädchen nicht alles verstand, was Marianne an sie herantrug. „Ich glaube, sie versteht nur wenig Französisch", versuchte ich Marianne einen sachten Hinweis zu geben. Es half nichts. Marianne war regelmäßig und ausdauernd vor und in der Küche zu finden und redete auf die arme Saadia ein. Zunehmend fand sie sich nun auch in der Küche selbst zurecht.

In den folgenden Tagen unternahmen wir gemeinsam einige Ausflüge. Bei einem Spaziergang in einem der Parks neben der Koutoubia-Moschee, Bernard hing deutlich zurück, offenbarte sie mir: „Bernard und ich sind nicht zusammen...er ist jetzt schon länger ohne Partnerin...wir kennen uns seit vier Monaten." Ob sie noch zusammenfinden werden? Die nächsten Tage werden vielleicht eine Antwort geben. Bernard wirkte an diesem Tag weiterhin angespannt, zeitweise abwesend; tiefe Ringe unter seinen Augen verrieten möglichen Stress und Probleme. Wir saßen auf der Dachterrasse eines Restaurants an der Place Jemma el-Fna. Bernards Finger tippten auf seinem Smartphone. Seine Hände zitterten leicht. Irgendetwas schien ihn stark zu beschäftigen. Marianne klärte mich auf. „Nein!", rief ich aufgewühlt und besorgt zugleich. Bernard erzählte, wie er auf seiner Zugreise von Casablanca nach Marrakesch während eines Zwischenstopps in Settat bestohlen wurde. Man habe ihm sein Portemonnaie aus seiner Gesäßtasche gezogen, ohne dass er hiervon etwas mitbekommen habe. Ich hielt es nicht für angebracht, Bernard auf einen solchen Leichtsinn beim Umgang mit Geldbörsen aufmerksam zu machen. Ganz sicher ist ihm bewusst, dass die Gesäßtasche nicht als sicherer Aufbewahrungsort anzusehen ist. Ich schwieg als dazu und fragte stattdessen nach, was alles aus der Geldbörse entwendet wurde. Mit seinem eigenen Humor erzählte er, dass er nach den Taxifahrten in Casablanca und der Zugfahrkarte zu dem Zeitpunkt eh schon fast blank gewesen sei und sich nur noch etwa 80 Euro Bargeld im Portemonnaie befunden hätten. Seine Kreditkarte habe er sofort sperren lassen. „Gut", warf ich nun etwas beruhigter ein. Es sei die Ausstellung von Ersatzpapieren, wie der Führerschein, was ihm Sorgen mache. Ich versuchte ihn ein wenig zu beruhigen und gab ihm zu verstehen, dass seine Führerscheindaten in Belgien sicher gespeichert seien und die Ausstellung von neuen Papieren in der Regel ohne Probleme möglich sei. In ein paar Tagen werde er vielleicht schon seinen neuen Führerschein bekommen. Wie sich herausstellte war es besonders seine Mutter, welche sich um ihn sorgte.

An einem der folgenden Tage beabsichtigten wir gemeinsam den Bahia-Palast (Palais Bahia), der sich am Nordrand des ehemaligen Mellah-Viertels befindet, zu besichtigen. Marianne, welche die Bewegung liebte, entschloss sich zusammen mit Bernard einen Fußmarsch zum Palast auf sich zu nehmen. Da meine Füße von meinen vielen Streifzügen der vergangenen Tage etwas schmerzten, entschied ich mich, lieber ein Taxi zu nehmen. Wir wollten uns gegen 15 Uhr im Palast treffen. Der Eingang zum Palast liegt am Südende der Rue Riad Zitoun el Jdid, welche das ehemalige Mellah-Viertel mit der nördlich gelegenen Place Jemaa el-Fna verbindet. Mein Taxifahrer ließ mich aus unerklärlichem Grund am Place des Ferblantiers aussteigen und zeigte grob in die Richtung, wo sich der Palast befinden würde. Auf dem Platz und ihren zahlreichen Zufahrtsstraßen und Gassen, welche sternförmig auf den Platz zulaufen, herrschte reges Treiben und starker Verkehr. Die Lage war recht unübersichtlich; ich war mir nicht ganz sicher, welche Straße ich entlang gehen sollte und fragte kurzerhand einen alten Mann, welcher sich vor einer Bank aufhielt, nach der Straße, welche zum Bahia-Palast führe. Er spielte Unwissenheit vor, gab mir zu verstehen, dass der Eingang nicht leicht zu finden sei und sprach einen anderen Mann, nicht weit entfernt von uns, an. Dieser wiederum murmelte leise einige Worte zu einem anderen Mann mit Fahrrad und forderte ihn offenbar auf, mir den Weg zu geleiten. Der Radfahrer fuhr, ohne mit mir Kontakt aufzunehmen, los, blieb in deutlicher Entfernung am anderen Ende des Platzes stehen, stieg von seinem Fahrrad ab und drehte sich zu mir um. Die anderen Männer forderten mich auf, ihm zu folgen. Ich brauchte jedoch keinen Begleiter, zumal ich nicht einmal mit ihm gesprochen und die Höhe des Bakschischs mit ihm ausgemacht hatte. Die Folge wäre vorhersehbar gewesen. Der selbsternannte Führer hätte mit hoher Wahrscheinlichkeit eine horrende Trinkgeldforderung für seine Dienste aufgestellt. Ich lehnte also dankend ab und studierte stattdessen ruhig meine Straßenkarte. Der Radfahrer wartete geduldig eine Zeit lang am Ende des Platzes, ehe er aus meinem Blickfeld verschwand. Rasch steuerte ich mein Ziel an und lief vom Place des Ferblantiers über die Rue Bahia Bab Mellah

Richtung Norden. Nach rund zweihundert Metern sah ich auch schon auf der gegenüber liegenden Straßenseite der Rue Riad Zitoun el Jdid, welche hier ihren Anfang nimmt, das Eingangsportal zum Palastgelände. Mein Eindruck, dass sich so mancher Marrakschi Fremden gegenüber einer vorgegebenen, gespielten Ignoranz bedient, verfestigte sich. Ihr Verhalten dient offenbar vornehmlich einem Ziel: der Anbahnung eines Geschäfts, einer kostenpflichtigen Dienstleistung.

Der in die rötlich schimmernde Palastmauer eingelassene Durchgang in Hufeisenform ist von einem dekorierten Bogenrelief umgeben. Durch das im Durchgang angebrachte zweiflügelige und weit geöffnetes Holztor betraten und verließen einige Besucher die Palastanlage. Nachdem ich mein Eintrittsgeld von 10 Dirham bezahlt hatte, ging ich einen langen, von Obstbäumen gesäumten, Vorhof entlang, ehe ich auf den Eingangs- bereich des Palastgebäudes traf. Die Palastanlage, welche Ende des 19. Jahrhunderts für den Großwesir des Sultans und seiner Familie in rund siebenjähriger Bauzeit im andalusisch-maurischen Stil errichtet wurde, besteht aus ineinander verschachtelten Sälen, Räumen, Höfen und klei- nen Gärten, welche durch Gänge miteinander verbunden sind. Die mit farbigen Keramik- und Marmorfliesen ausgelegten Böden, die kunstvoll mit bunten Fliesen und reich verzierten Stuckornamenten gestalteten Wände, die fein geschnitzten Holzdecken und üppig verzierten und be- malten Möbel lassen noch heute die einstige Pracht und den Reichtum der politischen Eliten jener Zeit erahnen. Menschenmassen drängten sich durch die Gänge, Säle, Räume, Höfe und Gärten der Anlage. Ihrem soziologischen Erscheinungsbild nach können die Besucher ganz über- wiegend dem europäischen, asiatischen und arabischen Bildungsbürgertum zugerechnet werden. Viele Besucher waren offiziellen Führungen angeschlossen. Ruhig und beinahe andächtig lauschten sie interessiert den Ausführungen ihrer Fremdenführer, welche meist auf Französisch, Spanisch, Deutsch, Italienisch, Chinesisch oder Japanisch abgehalten wurden. Eine Besichtigung war aber auch ohne Führer möglich. Pfeile und Hinweisschilder wiesen dem Besucher den Weg durch die Anlage, welcher als Rundgang konzipiert war. Ergriffen von der Schönheit und architektonischen Ausgestaltung durchschritt ich die vielen Empfangs-, Rats- und Spiegelsäle, die Repräsentationsräume und Privatgemächer des Palastes. Die mit reich verzierten Stuckornamenten, kunstvoll gestalteten Marmorverzierungen, bunten Fliesenmosaiken und Holzschnitzereien dekorierten Wände, Decken und Bodenbeläge sind Zeugnisse der überaus großen Kunstfertigkeit der mit dem Bau betrauten nordafrikanischen und andalusischen Handwerker jener Zeit. Als ich den lichtdurchfluteten und von Galerien umgebenen Großen Hof erreichte, stieß ich auch schon auf Marianne, die gerade ein Sonnenbad nahm. Alsbald kam auch Bernard hinzu und wir durchstreiften gemeinsam die Anlage, beginnend mit dem Großen Hof. Er ist mit bunten Keramik- und Marmorfliesen ausgelegt und mit zwei Brunnen und einem großen, viereckigen, marmornen Wasserbecken ausgestaltet. Vom Großen Hof gelangt man über zwei Durchgänge zum wunderschönen Bahiagarten (Agdal Ba Ahmed). Er ist üppig mit blühenden Obstbäumen, Jasminbüschchen, Zypressen und Bananenstauden bepflanzt und befindet sich in einem gepflegten Zustand. In der Mitte des Hofs steht eine marmorne Brunnenanlage. Der süße, schwere Duft von Jasmin, gepaart mit dem von Orangen, verwöhnte meine Sinne! Es gibt keinen Zweifel – in einem

Marmorne Brunnenanlage, Bahia-Garten

Kunstvoll verzierter Stuckfries, Bahia-Palast

irdischen Garten, seinem Kühle hervorbringenden Schatten, dem lebens-spendenden Wasser, seinen Früchten und Düften, lassen sich die Genüsse des himmlischen Paradieses schon einmal erahnen. Ein erhol-sames Verweilen an diesem so wunderbaren Ort fiel mir allerdings schwer angesichts der Anwesenheit der zahlreichen Besucher und ihres teilweise ausgeprägten Rededrangs. Nicht wenige Besucher sahen sich zudem durch ein sehr beherztes Fotografieren genötigt, das Gesehene festzuhalten - nichts darf ausgelassen werden! -, welches ganz offensicht-lich für viele Besucher, von denen sich jene fernöstlicher Herkunft be-sonders hervortaten, zu einer Art Obsession geworden war. All dies schien Marianne nichts anzuhaben; sie wagte sich, abseits des Weges, ei-nige Schritte in den Garten hinein, lehnte sich mit ihrem Rücken ge-nüsslich an einen Baum und schloss ihre Augen. Wir schlenderten an diesem Tag noch ausgiebig durch das Palastgelände und bestaunten ins-besondere die kunsthandwerklichen Leistungen jener Zeit.

Am nächsten Tag hatte das Riad eine junge chinesische Familie mit einem sehr lebhaften Jungen zu Gast. Sie blieben nur eine Nacht und wir kamen nicht ins Gespräch. Das Riad beherbergte ebenso für kurze Zeit ein älteres englisches Ehepaar, beide wohl um die 60 Jahre alt; wo-bei der Mann durch sein auffälliges Äußeres meine Aufmerksamkeit er-regte. Er war mit einem langen Gewand und seinem Turban als Araber verkleidet; sein dicker, grauer Backenbart erinnerte er mich zudem an einen Orientalen zu Zeiten eines Thomas Edward Lawrence. Es war, als wäre die Zeit noch einmal um einhundert Jahre zurückgedreht. Dieser ältere Herr verkörperte diese Zeit so authentisch, dass ich für einen Mo-ment leicht erschrak und verwirrt meine Gedanken ordnen musste. Ich begegnete diesem außergewöhnlichen Paar einmal auf der Gasse, die zum kleinen Taxistand führte. Er stolzierte würdevoll und erhobenen Hauptes, sie trottete gleichmütig neben ihm. Es schien, als habe sie sich mit dem Spleen ihres Mannes abgefunden. Die Bewohner der Gasse beobachteten das Paar scheinbar desinteressiert. Was den umstehenden Marrakschis wohl beim Anblick dieses Fremden durch den Kopf gegangen sein musste? Vielleicht fragten sie sich: „Warum verkleidet sich der Mann als Araber? Spielt er ein Spiel; was hat er vor? Ist er vielleicht doch Araber? Nein, unmöglich."

Silvester nahte. Marianne und Bernard, zu denen sich ein freundschaftliches Verhältnis entwickelt hatte, überlegten zusammen mit mir, wo wir gemeinsam den Abend verbringen sollten. Angebote für Silvestermenüs von guten Restaurants und anderen Riads der Medina erwiesen sich als außerordentlich hochpreisig und fanden rasch unsere Ablehnung. Da kam uns das Angebot Fatihas gerade recht; sie könne, wenn wir es wünschten, ein Silvestermenü für uns Gäste zubereiten und noch eine Musikgruppe bestellen. Es soll 30 Euro pro Person ohne alkoholische Getränke und 40 Euro mit alkoholischen Getränken kosten und im Riad gefeiert werden. Wir nahmen ihr Angebot umgehend dankend an und waren uns einig, dieses Silvester ohne Alkohol begehen zu wollen. Auch Werner und Johannes wollten am gemeinsamen Silvesteressen teilnehmen. Wir sollten im voraus bezahlen; die Einkäufe auf dem Markt müssten ja bezahlt werden. So tätigte Fatiha am Silvestermorgen die Einkäufe für unser Essen auf dem Markt und Fatihas Schwester und Mutter kamen am Mittag und kochten. Es war ein harmonischer Abend. Fatiha hatte einige Räucherstäbchen angezündet und das Riad mit Lichterketten ausgeschmückt. Das Menü, welches wir an der Sitzgruppe im Erdgeschoss einnahmen und aus einem Salade marocaine und Briouats als Vorspeise, einer Tajine und einem Mehalabiya-Dessert bestand, schmeckte uns ausgezeichnet. Nachdem wir unsere Vorspeisen eingenommen hatten, kam auch schon die angekündigte Musikgruppe ins Haus. Sie bestand aus drei jungen Männern, die, ausgestattet mit Handtrommel, Tamburin, und Qarqaba, eine erste Vorstellung mit einer Mischung aus Beschwörungsformeln, Musik und Tanz zur Aufführung brachten. Ihre Aufführung enthielt unverkennbar Züge der Gnawa-Musik. Schon zu Beginn beim Aussprechen der Beschwörungsformeln wurden wir zum Mitmachen aufgefordert. Wie elektrisiert vom einsetzenden rhythmischen Trommeln und Gesang sprangen wir von unseren Sitzen auf und tanzten spontan mit. Ohne die Beschwörungsformeln zu verstehen, sprachen wir sie immer schneller und lauter nach. Das Trommeln und Schlagen der Instrumente wurde jetzt immer schneller, heftiger; ein ohrenbetäubender, aber auf eine Art keineswegs unangenehmer, Lärm, erfüllte das Riad. Nach einem abrupten Ende wandten wir uns leicht erschöpft wieder unserem Essen zu. Die Gruppe sollte uns zu einem späteren Zeitpunkt noch mit weiteren fulminanten Zugaben beglücken. Marianne wirkte an diesem Abend äußerlich entspannt. Bernard legte vorsichtig, zaghaft und leicht zitternd, seine Hand an Mariannes Hüfte. Sie ließ es kurzzeitig geschehen, doch dann wich sie ihm, kaum merklich, aus und zog sich von ihm zurück.

Erkundungen

Nach meinen Verirrungen des ersten Tages lief ich die Kaa Sour, jene Gasse vom Riad Richtung Straße mit seinem kleinen Taxistand vor der Schule, deren Länge wohl um die dreihundert Meter beträgt, immer und immer wieder ab. Die zahlreichen Jugendlichen sprachen mich bald nicht mehr an und schienen mich nicht mehr zu beachten. Offenbar erkannten sie mich wieder und wussten, dass ich jetzt hier, für eine gewisse Zeit, in ihrer Gasse in einem der Riads wohne. In der Gasse waren einige, winzige Kioske untergebracht, in denen man die wichtigsten Dinge des täglichen Bedarfs erwerben konnte: Brot, Zigaretten, Mehl, Butter, Salz, Zucker, Getränke, Hygieneartikel, daneben aber auch Süßigkeiten und kleines Spielzeug für die Kinder. Der oft winzige Raum war derart dicht mit Waren bestückt, dass das Gesicht des Inhabers soeben zu erkennen war. Durch diese Öffnung wird die Bestellung aufgegeben sowie Geld und Ware hindurch gereicht. Meinen täglichen Bedarf an Flüssigkeit deckte ich vornehmlich durch den Kauf von Mineralwasser, welcher ich an verschiedenen Kioske tätigte. Die 1,5 Liter Flasche Mineralwasser, welches mir gut schmeckte, kostete mit sechs Dirham an allen Kiosken meines Viertels gleich - es war, als hätten die Händler sich abgesprochen. Diese Kioske waren gut besucht, sind Treffpunkte für jung und alt; hier wurden kleinere Einkäufe erledigt und ausgiebige Schwätzchen gehalten.

Mit der Zeit machte ich mich auch mit den Seitengassen in meinem Viertel vertraut und entdeckte dabei eine Nebengasse, welche auf die Rue de Bab Taghzout, einer wichtigen Verbindungsstraße des Viertels Sidi Ben Slimane, zuläuft. Eines Tages lief ich die Hauptgasse Richtung

Taxistand in südlicher Richtung, um dann in die mir nun vertraute Seitengasse einzubiegen. Ein alter Mann, wohl gekleidet in einem wollenen Burnus, überholte mich langsam mit seinem Motorroller. An einer kleinen Gabelung drosselte er weiter seine Geschwindigkeit, kam vor mir zum Stehen und schaute sich unschlüssig um. Dann drehte er sich kaum merklich zu mir um und schaute in meine Richtung, als ob er sich Hilfe von mir erhoffen wolle. Ich gab ihm lautlos ein Zeichen: langsam streckte ich meinen rechten Arm aus und nickte dabei ruhig und selbstsicher. Der alte Mann, welcher einen Motorroller mit französischen Kennzeichen fuhr, bog in die zugewiesene Richtung ein. Als er vor einer weiteren Abbiegung stand, schaute er sich erneut zu mir um. Ich hob meinen linken Arm und wies ihm jetzt deutlich den Weg. Er hob, wie zum Dank, kaum merklich seine linke Hand. Bald öffnete sich die Gasse zu einem kleinen schmalen Platz, welcher im weiteren Verlauf in die Rue de Bab Taghzout mündete. Da er in Schrittgeschwindigkeit fuhr, schloss ich zu ihm auf und wir kamen ins Gespräch. Er fragte mich freundlich: „Vous-êtes Marrakschi?" Ich antwortete ebenfalls auf französisch: „Oh, non" und gab ihm zu verstehen, dass ich für einige Zeit in Sidi Ben Slimane wohnen würde. „Et vous-êtes Français ?", fragte ich zurück und deutete auf sein Kennzeichen am Roller. „Nein, Marrakschi - das Kennzeichen an meinem Roller ist falsch."

Der kleine Platz war schon recht belebt, Frauen trugen ihre Kleinkinder in Tücher gehüllt auf dem Rücken; Kinder gingen zur Schule. Am Rande des Platzes beobachtete ich zwei Männer, welche vor einer Quelle, welche aus einer gemauerten Wand herausfloss, standen. Der eine Mann war sehr schlank und mittleren Alters. Er beugte sich zur Austrittsstelle hinunter und wusch sich zuerst sein Gesicht und anschließend seinen Oberkörper und seine Füße. Dabei zeigte er keine Regung. Ein älterer Mann stand hinter ihm und schien darauf zu warten, bis der andere Mann seine Morgentoilette beenden würde. Zu einem späteren Zeitpunkt überzeugte ich mich von der Temperatur des Wasser, welches aus dem Brunnen floss: es war sehr kalt und dürfte direkt aus den Bergen des Hohen Atlas, stammen.

Von diesem kleinen Platz aus waren es nur wenig Schritte bis zur Rue de Bab Taghzout, welche hier ihren Anfang nimmt, sich in südlicher Richtung fortsetzt und geradewegs auf die Rue Diar Saboun am Nordrand der Souks zuläuft. Zu meiner linken eröffnet sich, nur wenige Meter entfernt, das Bab Taghzout, ein altes, ehemals von den Almoraviden erbautes Stadttor aus dem 12. Jahrhundert, welches der Straße ihren Namen gab. Das Tor war Teil der ehemaligen Stadtmauer von Marrakesch, welche hier die Stadtgrenze markierte. Seit die Saadier unter Sultan Mohammed im 16. Jahrhundert hinter der ehemaligen Stadtmauer das neue Stadtviertel Sidi bel Abbès errichteten, wurde das Bab Taghzout zu einem Tor, inmitten der Stadt. Ich durchschritt das Bab Taghzout nach Norden und bog in kleine von Arkaden gesäumte Galerien ein. In ihnen sind kleine Handwerkbetriebe und Läden untergebracht: Tischler, Schuster, Tuchmacher, Kaftanschneider und andere mehr stellen in kleinen und kleinsten Werkstätten ihre Produkte her. Mir begegneten Händler, Frauen, Männer, Schulkinder. Diese Kinder sind an ihren Schuluniformen in Form von weißen Hemden, welche mich an Arztkittel erinnerten, zu erkennen. Gemächlich trotteten sie meist in Gruppen die Gassen entlang. Manche verloren sich in kleinen Spielchen. Es fiel mir auf, dass besonders viele alte und kranke Menschen, Menschen in Rollstühlen, Geistliche, Männer in feine Kaftane oder Qamise gehüllt, mit einer Chachia auf dem Kopf, die Gassen und Galerien durchschritten. Durch ein Tor erreichte ich einen großen Hof. Ich befand mich mitten in der Zaouia de Sidi Bel Abbès es Sebti, welche nach dem gleichnamigen und bedeutendsten Stadtheiligen von Marrakesch, der hier im 12. Jahrhundert lebte, benannt wurde. Dieser Heiligenbezirk, bestehend aus einer Moschee, einer Medersa, einem Brunnen, einer Grabanlage und einem kleinen Friedhof, offenbarte sich mir in strahlender Schönheit. Vor diesem Grabdenkmal, dem wichtigsten Wallfahrtsziel der Marrakschis, hatten sich bereits einige Pilger eingefunden. Zwei alte Frauen und einige Würdenträger standen vor dem Heiligtum und erbaten den Segen. Ich durchschritt den Hof in nördlicher Richtung und bog ein in eine schmale, leicht abschüssige Gasse, welche mich weiter ins Viertel Sidi Bel Abbès hineinführte. Die schmale Gasse war gesäumt von einigen Bettlerinnen und Bettler, welche zusammengekauert am Wegesrand saßen. Ich legte ihnen einige Münzen in ihre Hände, welche sie mit Dankbarkeit ausdrückenden Gesten, annahmen. Es war der, Schmerz und Freude gleichermaßen ausdrückende Gesichtsausdruck einer alte Bettlerin, welcher sich mir tief einprägte. Ich sollte ihr und den anderen Bettlern an diesem Tag und den folgenden Tagen wiederholt begegnen. Ich lief die Gasse, welche sich jetzt etwas weitete, weiter hinunter, als mir nach einer Rechtskurve auf der linken Seite ein Gebäude auffiel, aus dessen Schornsteinen schwarzer Rauch aufstieg. Aus einem Verschlag, welcher weit geöffnet war, drang der Geruch von Holz und Qualm. Neugierig linste ich hinein und sah geradewegs auf einen Mann

Zaouia de Sidi Bel Abbès

welcher in deutlicher Entfernung, in einem tiefer gelegenen Teil des Raumes, auf dem Boden sitzend vor sich hin döste. Als er mich bemerkte, gab ich ihm mit meiner Hand Zeichen, um fragend Einlass zu erbitten. Er verstand und winkte mich mit einer kurzen und ruhigen Handbewegung hinein. Vor mir tat sich ein großer, grottenartig gestalteter, dunkler Kellerraum auf, in dem bergeweise Holz und Sägespäne gelagert waren. Dies musste der Heizraum eines Hammams sein. Sehr vorsichtig, den Blick stets zu Boden gerichtet, stieg ich einige Treppenstufen und einen abschüssigen, mit Sägemehl bedeckten, Pfad, nach unten. Da sah ich auch schon zu meiner Rechten eine geöffnete Luke, aus der Feuer zu sehen war. Ein zweiter Mann hielt sich in der Nähe des Brennofens auf. Als er mich sah, nahm er eine Schaufel und schippte Sägespäne durch die Luke in das offene Feuer. Das Feuer loderte funkensprühend auf und erglühte. Ich starrte staunend und ergriffen in das Feuer; es war ein wunderschöner Anblick. Stumm wiederholte er die Prozedur und schaute mich dabei wiederholt an. Auf seinem Gesicht huschte ein zufriedenes, sanftes Lächeln. Über der Brennkammer waren mehrere Tanks zu sehen, in denen offenbar das Wasser erhitzt wird. Von ihnen führten Leitungen weiter nach oben zu den Räumen des Hammams. Der andere Mann beobachtete die Szene, sprach mich an. Er machte sich hauptsächlich mit Gesten verständlich. Er erklärte, dass das Feuer nie ausgehen dürfe und der Ofen so ständig befeuert werden müsse. Ich bedankte mich bei den beiden Männern für ihre kleine Führung und gab ihnen ein kleines Trinkgeld, als einer der beiden Männer mir anbot, das Hammam zu zeigen. Ich willigte nur zögernd ein, da ich den Badebetrieb, welcher wohl schon eingesetzt haben dürfte, nicht stören wollte. Wir gingen nach oben, aus dem Kellerraum hinaus, liefen einige Meter die Gasse hinunter und traten in das Hammam hinein. Im Eingangsbereich waren zwei Durchgänge, einen für die Frauen und einen, der zum Badebereich der Männer führte, zu sehen. Wir betraten den Männerbereich mit Vorraum, in dem sich Umkleidemöglichkeiten, Duschen und die Toilette befanden. Man konnte einen weiteren Raum, offenbar der Warmbereich, in dem sich bereits einige Gäste aufhielten, erkennen. Es waren karg ausgestattete, gefliese Räume. Ein Mann ließ aus zwei nebeneinander angebrachten Wasserhähnen gleichzeitig Heiß- und Kaltwasser in einen großen Plastikeimer fließen. Männer, mit Badehosen bekleidet, saßen auf dem Boden und wuschen sich mit Kernseife und einem Lappen; mit einer Plastikschale schöpften sie Wasser aus Eimern, welche sie neben sich aufgestellt hatten und schütteten es über Gesicht und den übrigen Körper. Ein anderer Mann lag mit dem Bauch auf dem Boden und ließ sich vom Masseur einseifen und massieren. Nach der Besichtigung bedankte ich mich bei meinem Fremdenführer und trat aus dem Hammam hinaus auf die Gasse.

Ich lief die Gasse weiter hinunter und stieß bald auf einen Platz, auf dem ein kleiner Markt abgehalten wurde. Ein Stimmengewirr und Gemurmel lag über dem Platz. Lauthals pries der Feigenverkäufer seine Ware an. Fröhliche, aufgeschlossene Blicke wanderten über Obst, Gemüse, lebendes Federvieh, aber auch Fleisch, Fisch, Eier, Brot, Küchenartikel; vergnügt tätigten die Menschen ihre Einkäufe. Die Waren wurden meist mit den Motorrikschas, Eselsgespannen oder Handkarren, welche von Jungen gezogen wurden, herbeigeschafft. Es waren insbesondere die dreirädrigen Motorrikschas, jene umgebauten Motorräder mit

Ladefläche, der unterschiedlichsten Hersteller und Marken, wie beispielsweise der Docker Triporteur DR 3, von Triatlas Motors, Skygo oder Dayang, welche in der Medina zahlreich anzutreffen waren. Der Einsatz dieser Transportmittel macht, besonders in den engen Gassen der Medina, wo ein Durchkommen mit Kleinwagen nicht mehr möglich erscheint, überaus Sinn. In jedem Viertel der Medina werden viele solcher kleinen, lokalen Märkte, meist in den breiteren Gassen abgehalten, welche ihre Bewohner aus nächster Nähe mit Grundnahrungsmitteln versorgen. Brot wird allerorten auf Märkten, in Kiosken oder an kleinen Verkaufsständen, welche sich direkt auf der Gasse vor den zahlreichen Backstuben befinden, verkauft. Vereinzelt sind auch einfache bis komfortabel ausgestattete Patisserien anzutreffen, in denen ausgezeichnetes Kleingebäck zu erwerben ist. Deren Preise erscheinen uns gering bemessen; für die meisten Bewohner der Medina sind sie allerdings zu hoch, als dass sie es regelmäßig erwerben können. Der Brotpreis scheint aber weiter niedrig gehalten und damit subventioniert zu sein. Einen Dirham bezahlte ich regelmäßig an den zahlreichen, vor Bäckereien aufgebauten, einfachen Verkaufsstellen für einen Leib Khobz. Schon mehr als einmal sorgten in der Vergangenheit Preiserhöhungen bei Brot und Couscous für kleinere und größere Aufstände in der Bevölkerung. Eilig mussten die Preiserhöhungen größtenteils oder vollständig wieder zurückgenommen werden.

Die Nutzung der schmalen Sträßchen und Gassen änderte sich: Abschnitte, gesäumt von kleinen Geschäften, wie Fleischerläden, Friseurgeschäften, Bäckereien und anderen Handwerksbetrieben wichen jetzt Gewerbebetrieben wie Fahrrad-, Motorrad- und Autowerkstätten sowie

Markt- und Patisserieauslagen im Viertel Sidi Bel Abbès

kleinen und kleinsten metallverarbeitenden Betrieben. Diese Werkstätten bestehen aus kleinen bis winzigen, offenen Hallen und Räumen. Gemächlich gingen die Inhaber, unterstützt von ihren Hilfsarbeitern, meist junge Männer, in und vor diesen Hallen, ihrem Tagwerk nach. Überall war ein Schleifen, Bohren, Hämmern, Fräsen, Löten zu hören. Die Böden dieser Werkstätten und die Pflaster der Gasse waren von Öl- und Metallrückständen schwarz gefärbt. Die Luft war erfüllt von Metall-, Öl- und Brandgeruch. Ein metallischer Geschmack legte sich auf meine Zunge. Ich marschierte eilig weiter. Ein Eselskarren mit einer Ladung Tierfellen, welches vor mir aus dem Bab Kechich herausfuhr, zog zügig an mir vorbei und bog hinter mir in eine Hofeinfahrt ein. Die Felle mussten wohl gerade vom nahegelegenen Gerberviertel bezogen worden sein und warteten jetzt auf ihre Weiterverarbeitung. Ich durchschritt das Bab Kechich, welches von zahlreichen Fußgängern, Fahrrad- und Motorradfahrern genutzt wurde und befand mich jetzt außerhalb der Stadtmauer. Um die Stadtmauer herum führt eine stark befahrene Ringstraße (Route des Remparts). Ich sah, wie an der Stadtmauer zwei Männer miteinander rauften; Ausrufe und wüste Beschimpfungen wurden ausgestoßen. Einige umstehende Männer versuchten die Streithähne zu trennen; andere Männer standen gaffend dabei. Zwei Polizisten trafen ein und versuchten die Situation zu beruhigen.

Als ich noch ein kurzes Stück weiter an der Stadtmauer entlang nach Norden lief, eröffnete sich mir ein gut besuchter Trödelmarkt, welcher hier entlang der Ringstraße und zum Großteil entlang der alten Stadtmauer, welche hier einen Knick nach Westen macht, abgehalten wurde. Auf dem Markt waren, neben gebrauchten Elektro-, Elektronik- und

Motorradwerkstatt in einer Gasse im Viertel Sidi Bel Abbès

Trödelmarkt vor den Toren der Stadtmauer

Metallwaren, Alltagsgegenstände zu erwerben. Die Waren waren entweder direkt auf dem staubigen Boden oder auf ausgelegten Planen und Decken ausgebreitet. Neugierig und interessiert schlenderte ich, als einer der wenigen Fremden, ruhigen Schrittes durch den Markt. Auf dem Markt herrschte eine ruhige, entspannte Atmosphäre; laute marktschreierische Rufe waren hier nur sehr wenige zu vernehmen. Rasch fand eine kleine, metallene Blumenvase und ein antik aussehender Kerzenhalter meine Aufmerksamkeit, welche zwar einige Makel aufwiesen, mir aber trotzdem gut gefielen. Ich fragte einen in der Nähe stehenden Händler nach dem Preis. Er gab mir zu verstehen, dass der Händler, dem diese Gegenstände gehörten, gerade in der Moschee sei, er selbst keinen Preis nennen könne und ich in zwanzig Minuten wieder kommen solle. Ich erschien zum vereinbarten Zeitpunkt. Der Händler verlangte für beide Stücke einen hohen Preis, den ich nicht bereit war zu zahlen. „Ancien", meinte er wiederholt. Wir kamen nicht ins Geschäft; unsere Preisvorstellungen lagen zu weit auseinander. Stattdessen erwarb ich ein Tütchen mit gebrannten Erdnüssen, welche ich genüsslich vertilgte. Am anderen, westlichen Ende des Marktes, auf der Gasse direkt vor dem Bab el Khemis wurden ausschließlich gebrauchte Schuhe und Kleidung dargeboten. In diesem Abschnitt des Marktes ging es lebhafter zu, die Waren wurden den Besuchern, welche dichtgedrängt die Waren begutachteten, lautstark angeboten. Es waren ganz überwiegend einfach gekleidete, junge und alte Menschen, wohl aus den umliegenden Vierteln, die sich auf dem Markt aufhielten. Sie trugen neben Leder- und Sportschuhen vielfach die bei den Marokkanern so beliebten Hausschuhe oder Flipflops, welche sie gerne auch bei Aufenthalten außer Haus (und im Winter) tragen. Ich mochte die Marktatmosphäre, das Menschengewimmel und verbrachte noch längere Zeit auf dem Markt, ehe ich den Rückweg antrat.

Ich spazierte die Hauptgasse weiter voran, als ich durch ein geöffnetes Holzportal den großen Innenhof eines mehrstöckigen, stark baufälligen, alten Riads entdeckte. Der Hof war mit Baumaterial und Geräten übersät; Arbeiter ginge träge ihrer Arbeit nach oder sprachen miteinander. Der Aufwand an Mensch und Material ließ vermuten, dass der Eigentümer dieses Gebäudes bestrebt sein wird, dieses Riad zu sanieren und vor dem völligen Verfall zu retten. Menschen, junge Menschen, werden so in Lohn und Brot gebracht - der Eigentümer ein Europäer oder ein Marokkaner? Ist die Frage (für den Moment) von Bedeutung? Als ich abseits der Hauptgassen eine der zahlreichen kleineren Nebengassen durchschritt, fiel mir auf, dass diese teilweise von Pflanzkübeln, welche mit kleinen Bäumchen oder Sträuchern bepflanzt waren, gesäumt waren. Erst jetzt wurde mir bewusst, dass solche grüne Farbtupfer im Viertel Sidi Ben Slimane so gut wie keine vorhanden waren. Viele Haustüren zeigten sich in einem guten Zustand, waren insgesamt reichhaltiger verziert, als jene in meinem Viertel; nicht wenige waren mit Klingelanlagen versehen. Wenn es zutrifft, dass die Ausgestaltung der Haustüren im arabischen Raum vielfach den Wohlstand seiner Bewohner anzeigt, so können wir vermuten, dass die Bewohner dieses Viertels nicht zu den ärmsten Bewohnern der Medina zählen. Viele der kleinen, zur Gassenseite angebrachten und oft vergitterten Fenster der Wohnhäuser waren geöffnet. Kinder- und Frauenstimmen waren zu hören und der angenehme Geruch von Seife drang in meine Nase. Kinder

Gasse in der nördlichen Medina

Eselsgespann – Transportmittel in der Medina

spielten auf den Gassen mit kleinen Plastikbällen Fußball. Auch hier: vereinzelte Baulücken. Aus einem Haus drangen Klänge von Handtrommeln und Qarqabas. Offenbar hielt eine Musikgruppe gerade einen Übungsnachmittag ab. Es war während meines Aufenthaltes in Marrakesch das einzige Mal, dass ich eine Musikgruppe in einem Wohnhaus üben hörte.

Auf dem Rückweg zu meinem Viertel kam ich erneut am Hammam vorbei, welches ich am Vormittag besichtigte. Ich bemerkte, wie die Luke zum Heizraum erneut geöffnet war; einige Neugierige, ganz offenkundig Touristen, gingen gerade in den Heizraum hinein. Meine Gedanken kreisten insbesondere um die weit geöffnete Luke. Stand sie etwa absichtlich offen, um Neugierige anzulocken, was für die Heizer die Möglichkeit eines netten Zusatzeinkommens eröffnen würde? Als ich die schmale Gasse Richtung Zaouia hinaufschritt, hörte ich auch schon das jammernde Wehklagen der Bettler, welche noch immer am selben Platz zusammengekauert am Wegesrand saßen. Ich musste die alte Bettlerin, deren Blick mir seit meiner Begegnung mit ihr am Morgen nicht mehr aus dem Sinn ging, erneut aufsuchen. Zunächst bemerkte sie mich nicht. Als ich langsam vor ihr in die Hocke ging, um ihr eine Münze in ihre Hand zu legen, schaute sie vorsichtig auf. Ich legte meine Hand auf die ihre, drückte sie kurz und schaute sie dabei an. Ihre Augen blitzten auf, während sie ihr Wegklagen verstärkte. Ob sie mich wiedererkannte? Ich öffnete meinen Rucksack, nahm eine Orange und ein Nougatmarzipanstämmchen heraus und legte sie in ihre Hände. Es war mir einfach ein Bedürfnis, ihr eine Freude zu machen. Ich konnte nicht anders. Die alte Bettlerin murmelte einige Sätze, die ich nicht verstand und schaute mich dabei mit ihren funkelnden Augen, welche Freude und Schmerz gleichermaßen ausdrückten, an. Eine mir unbekannte, innere Kraft schien mich festzuhalten und versuchte mich daran zu hindern, diesen Ort zu verlassen. Warum fiel es mir so schwer, jetzt weiter zu gehen? Es waren Fragen wie diese, die mir durch den Kopf schossen: „Konnte ich diese Frau so zurücklassen; hat sie genug zu essen und zu trinken; wird für sie gesorgt?" Die Almosengabe ist eine heilige Pflicht im Islam und nach allem was ich in der Medina von Marrakesch beobachtete, sind hier sehr viele gläubige Menschen anzutreffen. Doch hat sie noch Familie, Verwandte, Nachbarn, Menschen, die sich um sie kümmern? Es war keine Gewissheit, doch nach kurzem Nachdenken erwuchs bei mir die starke Hoffnung, dass sie Menschen hat, die ihr beistehen, die sich um sie kümmern und pflegen. Vielleicht redete ich mir es auch ein, nein, ich war mir jetzt eigentlich sicher: sie ist hier in der Medina nicht allein! Ich war jetzt etwas beruhigter, hob meine Hand zur Verabschiedung, führte sie als Zeichen meiner Ehrbekundung kurz in Richtung meines Herzens und entfernte mich zögernd von ihr. Ich drehte mich noch einige Male zu ihr um; warum konnte ich mir nicht erklären.

„Go this square"

Sie waren in den Gassen der Medina, besonders rund um die Souks, zahlreich anzutreffen: die selbsternannten Guides. Häufiger wurde ich von Ihnen angesprochen. Ihre Ansprache erfolgte meist auf Englisch. Geschickt versuchten sie den Fremden mit einer Frage wie dieser in ein Gespräch zu verwickeln: „Where do you want to go?" Dies geschah meistens aus einiger Entfernung von der Seite oder von hinten - warum sich das Leben schwer machen und auf einen Menschen zugehen? Diese Art der Kontaktaufnahme sagte mir allerdings nicht zu und so hatten sie bei mir auch wenig Erfolg, ihre Dienste an den Mann zu bringen. Zudem wollte ich möglichst ohne fremde Hilfe die Wege erforschen und gemächlich meine Ziele ansteuern. Sie stehen meist an exponierten Stellen, an Toren, Weggabelungen oder Eingängen zur den Souks und meinen offenbar immer genau zu wissen, wohin der Fremde gerade gehen möchte: „Dort geht es zu den Souks....dort gibt es heute einen Berbermarkt..." Freundlich, aber bestimmt entgegnete ich meist, dass ich kein Interesse hätte. Meist reagierten sie dann nicht weiter. Manche Guides erwiesen sich jedoch als hartnäckig und legten kurzerhand eine andere Masche auf. Meist ließen sie einen noch einige Meter des Weges gehen und warfen den Faktor Ortskenntnis in den Ring. Ich erinnere mich noch gut an die folgende Warnung eines selbst ernannten Führers: „ Excuse me, this is closed!" Natürlich konnte er so auf seinen Ratschlag oder eine Führung und somit auf ein Trinkgeld hoffen. Irgendetwas sagte mir, dass seine Warnung nicht stimmte. Ich reagierte nicht auf seine Worte, und lief die eingeschlagene Gasse weiter. Der Mann folgte mir noch ein kurzes Stück des Weges und kehrte dann um. Die Gasse war gut zu durchlaufen und mündete in eine kleine Straße. Bestärkt und geblendet von meinen Erfahrungen mit erwachsenen, selbsternannten Führern, schenkte ich anfangs auch den Hinweisen von Kindern keine Beachtung. Schnell musste ich aber lernen, dass ihre Warnungen sich meist als zutreffend erwiesen. Bald schätzte ich ihre ehrliche, aufrichtige Art, die mir bei meinen Erkundungen durch die Gassen der Medina von großer Hilfe waren. Ich ging zunehmend dazu über, meine Wanderungen durch die Gassen mit einem Ausdruck der Entschlossenheit und Sicherheit zu versehen. Scheinbar zielsicher schritt ich zügig, aber gelassen, voran, vermied unsichere Blicke und war bemüht, den Schein von Ortskunde zu wahren. Diese Methode erwies sich als recht wirksam. Die Folge war, dass ich nur noch sehr selten von Einheimischen angesprochen wurde.

Natürlich gab es auch selbsternannte Guides, welche ihr Wissen über örtliche Sehenswürdigkeiten, ohne darum gebeten worden zu sein, loswerden möchten. Eines Tages befand ich mich ein gutes Stück vor dem Bab Taghzout, kaute an einem Meloui und schaute in Richtung des Heiligenbezirks von Sidi Bel Abbès. Ein freundlich dreinblickender Mann, der mich offenbar schon länger beobachtet haben musste, kam auf mich zu, zeigte mit seinem Finger in Richtung Heiligtum und begann auf französisch zu erklären: „Das ist eine Moschee". Ruhig und freudig entgegnete ich: „Ich weiß, es ist die Zaouia de Sidi Bel Abbès. Sie besteht aus einer Moschee, einem Brunnen, einer Medersa, einer Grabanlage und einem Friedhof und wurde nach dem größten Stadtheiligen von Marrakesch benannt: Sidi Bel Abbès es Sebti. Er lebte im 12. Jahrhundert nach Christus..." Ein leichtes Lächeln legte sich auf das Gesicht des

Mannes. Er legte für einen kurzen Moment leicht seine rechte Hand an meine Schulter, murmelte einige anerkennende Worte, drehte sich um und verwand lautlos.

Marrakesch - Stadt der Händler und Handwerker

In nahezu jeder Straße und Gasse der Medina wurden irgendwo Waren ge- und verkauft, kleinere und größere Märkte abgehalten. Doch in den Souks der Medina, die zu den ausgedehntesten ganz Marokkos zählen, erwartete mich ein überaus reichhaltiges Warenangebot, geordnet nach Art der Waren, komprimiert dargeboten, auf engstem Raum. Die Souks waren von meiner Unterkunft aus mit einem kurzen Fußmarsch schnell zu erreichen. Meist wählte ich den Weg, welcher mich durch die Gassen meines Viertels, vorbei an der Zaouia de Sidi Ben Slimane und der Schule des Viertels, führte. Von dort aus marschierte ich die einzige südwärts führende Straße entlang, überquerte die Rue Riad el Arous und schritt nun die Rue Dar el Glaoui weiter südwärts. Als ich diesen Weg eines morgens einschlug, bemerkte ich, dass die Straße gerade neu geteert und (wie wohltuend für die Fußgänger) für den Verkehr gesperrt wurde - der König hatte seinen Besuch angekündigt, da möchte die Stadt sich nochmals herausputzen! Bald stieß ich auf die Querstraße Rue de Bab Doukkala und erblickte auch schon linker Hand die hohen Mauern der Palastanlage des ehemaligen Paschas von Marrakesch, El Glaoui, welche heute dem marokkanischen König als Winterresidenz dient. Ich bog nach links ab in die Rue Dar el Bacha, vorbei an kleineren Geschäften, edlen Restaurants, luxuriösen Spa- und Wellnesstempeln und exklusiven Boutiquen, als ich erste Souvenirgeschäfte erblickte.

Ein winziger Laden, prall gefüllt mit allerlei Schmuck und sonstigen Handwerksprodukten, ganz offensichtlich saharischen, berberischen Ursprungs, erregte mein Interesse. Neugierig näherte ich mich dem Laden. Meine Blicke schweiften über die überaus dicht behangene Decke und die sehr üppig ausstaffierten Wände. Selbst der Boden war so dicht mit Waren ausgelegt, dass sich für den Besucher nur eine schmale Gasse zur Fortbewegung eröffnete. Auf dem mit Teppichen ausgelegten Boden hockte ein junger Verkäufer. Als er mich bemerkte, grüßte er freundlich, stand auf, schlängelte sich an mir vorbei und verließ den Raum, damit ich ungestört seine Waren betrachten konnte. Die Auswahl war einfach überwältigend und ich benötigte einige Zeit, um mir einen Überblick zu verschaffen. Ein wunderschöner Koummya, mit einem Hartholzgriff und Messingbeschlägen, erregte mein Interesse. Die Scheide war mit zahlreichen Verzierungen versehen und seitlich waren bewegliche Ösen zur Befestigung von Bändern angebracht. Ein ideales Stück zur Bereicherung meiner häuslichen Wanddekoration. Zudem gefiel mir ein kleiner, metallener, reichlich ziselierter Wandteller. Ich nahm beide Teile ab, der Händler lud mich ein, auf den Boden zu setzen und die Verkaufsverhandlungen begannen. Er beteuerte, dass alle ausgestellten Waren aus der Sahara stammen würden; der Koummya sei alt und von Berbern hergestellt worden. Die beiden Stücke verrieten durchaus, dass sie in Handarbeit hergestellt sein mussten und sie gefielen mir sehr. Mir war wichtig, die beiden Stücke im Paketpreis zu erwerben, in der Erwartung, dass sich dadurch ein besserer Preis aushandeln ließe, als wenn ich die Teile einzeln kaufen würde. Doch jetzt nicht allzu großes Interesse an den Stücken zeigen - dies würde den Preis natürlich in die Höhe treiben. So gab ich mich leicht gelangweilt, ließ meine Blicke schweifen, stand auf und wandte mich anderen Objekten zu. Als der Händler von seinen genannten, mir viel zu hohen Preisen, nicht herunter gehen wollte, lief ich zwischenzeitlich auch mal Richtung Ausgang. Natürlich setzte ich die Verkaufsverhandlungen fort, da mir die beiden Stücke gefielen und ich sie gerne (zu einem vertretbaren Preis) erwerben wollte. Es stellte sich im Verlauf des Verkaufsgesprächs heraus, dass der Händler dem Krummdolch, im Vergleich zum Wandteller, einen wesentlich höheren Wert beimaß und er am liebsten die Preise für die beiden Stücke einzeln verhandeln wollte (worauf ich mich nicht einließ). Schließlich, nach langen Verhandlungen, einigten wir uns auf einen für mich gerade noch akzeptablen Paketpreis. Ich denke, beide Seiten konnten mit dem ausgehandelten Preis zufrieden sein und das waren wir wohl auch. Kein Händler wird, im Normalfall, eine Ware unter seinem Einstandspreis verkaufen. Das Geschäft war abgeschlossen und so plauderten wir, immer noch auf seinem Teppich hockend, noch ein wenig miteinander. Ich fragte ihn, woher er komme (wir unterhielten uns auf Englisch). „Aus der Sahara." „Aus Zagora?" hakte ich nach. „Nein, aus M`hamid." Spontan entgegnete ich: „Weißt du, dass in M`hamid ein Film gedreht wurde?" Der Händler dachte einen Augenblick nach und verneinte dann. Er schien an der Sache interessiert und ich ergänzte: „Ja, Anfang der 1990`er Jahre haben junge, deutsche Filmemacher 'Allal`, eine Erzählung des amerikanischen Autors Paul Bowles, dort gedreht. Die Geschichte handelt von einem Jungen, der sich in eine Schlange verwandelt und sich dann an seinen Dorfbewohnern rächt. Paul Bowles hat der Film sehr gefallen. Er meinte, er sei besser als der Film von Bertolucci (Anm.: gemeint war B. Bertuluccis Verfilmung von Bowles Roman 'Himmel über der Wüste'). Der Händler lauschte andächtig, gab dann zu verstehen, dass er nicht davon gehört habe. Er muss damals ein kleiner Junge oder noch gar nicht auf der Welt gewesen sein, als der

Verkäufer im Berbershop

Geschäft in den Souks

Film in seiner Heimatstadt gedreht wurde. (An einem der folgenden Tage suchte ich ihn erneut auf und kaufte ihm noch einige wunderschöne, handwerklich reich verzierte, Döschen ab.) Nun hatte ich die eigentlichen Souks noch gar nicht betreten und war bereits den Verlockungen des Orients erlegen. Es war Sonntag, die Banken waren geschlossen und so suchte ich eine in der Nähe ansässige Wechselstube auf. Ich konnte dort problemlos, zu ähnlichen Konditionen wie bei den Banken, Euro in Dirham tauschen (für 100 Euro erhielt ich 1048 Dirham); anders als bei den Banken wurde dort mein Reisepass nicht verlangt und auch sonst waren keine Angaben erforderlich. Ich schritt weiter auf die Souks zu und erblickte bald erste überdachte Passagen, in denen eine Vielzahl von Geschäften untergebracht waren. In ihnen wurden Lampen, Laternen, unterschiedlichen Materials und verschiedener Größe und Qualität zum Verkauf angeboten. Ich hatte mir vorgenommen einige einfache Blechlaternen zu erwerben und so betrat ich auch schon einen Verkaufsraum und sah mich um. Der Händler wartete unaufdringlich vor dem Eingang und ließ mich in Ruhe herumstöbern. Nachdem ich zwei Laternen in die engere Auswahl genommen hatte, fragte ich den Händler, was sie kosten sollten. Er nannte einen ausgesprochen hohen Betrag, der in meinen Augen in keinster Weise dem Wert der Laternen entsprach. So stellte ich sie wieder ins Regal, worauf er mich aufforderte, einen Preis zu nennen, den ich bereit wäre zu zahlen. Ich ließ mich nicht darauf ein und fragte ihn seinerseits, ob er mir einen günstigeren Preis geben könne, worauf er sich schließlich, nachdem ich zwischenzeitlich schon den Verkaufsraum verlassen hatte, einließ. Natürlich kam dann auch irgendwann der Zeitpunkt, an dem ich meine Preisvorstellung nennen sollte.

Ich hatte es mir zu eigen gemacht, je nach geschätztem Wert eines Produktes, etwa ein Viertel bis ein Zehntel des Preises, den der Händler nannte, anzugeben - bei diesem Produkt war es etwa ein Fünftel. Der Händler schluckte, zeterte, pries die Qualität der Laternen und fragte mich schließlich nach meinem Preis, den ich maximal bereit wäre zu zahlen. Nun gab es kein zurück mehr; es war ein Spiel, in deren Verlauf beide Seiten von ihren Preisvorstellungen Stück für Stück Abschied nehmen sollten. Am Ende hatte ich den Preis vergessen, den ich höchstens für die beiden Laternen ausgeben wollte. Ermattet vom langen Verkaufsgespräch erwarb ich die Lampen vielleicht zu einem etwas höheren Preis, als den ich mir ausgemalt hatte, aber dafür konnte ich die Lampen nun mein Eigentum nennen. Der Händler machte einen zufriedenen Eindruck, wickelte mir die Lampen noch in Zeitungspapier ein und steckte sie in eine Plastiktüte. Beim Bezahlen bat er mich noch um ein kleines Trinkgeld (für einen „Kaffee"), dem ich schmunzelnd nachgab. Dies war bei Händlern ein häufiger anzutreffendes Gebaren und eröffnete ihnen natürlich die Chance auf eine weitere Einnahme. (Als ich am nächsten Tag erneut an seinem Geschäft vorbeischlenderte, erkannte er mich sofort und begrüßte mich freudig erregt). Ob ich vielleicht zu viel für meinen Kauf bezahlte oder blieb ich ihm wegen meiner harten Verhandlungstaktik in Erinnerung? Auf jeden Fall hatte er ein gutes Personengedächtnis!

An den folgenden Tagen durchstreifte ich ausdauernd die Souks der Medina. Sie gehen, gegliedert nach Warenangebot und Gilden, wie der Souk der Eisenschmiede, der Kupferziseleure, der Schuh- und Lederwarensouk, der Souk der Korbflechter im nördlichen Teil, nahtlos über in die Kissaria mit ihren Textilläden im zentralen Bereich, woran sich süd-westlich die Souks der Wollfärber und Kupferschmiede anschließen. Im südlichen Teil gruppieren sich die Souks der Silberschmiede und Juwe-liere, der Teppich- , Gemüse- und Geflügelsouk sowie der Gerbersouk im Südosten. Noch weiter südlich ist der Wollsouk ansässig, an dem sich der Stoffsouk anschließt und ganz im Süden kurz vor der Place Je-maa el-Fna, ist der Töpferwarensouk anzutreffen. Gelegentlich sind in den Verkaufsräumen kleinste Werkstätten oder Bereiche integriert, in denen die zum Verkauf angebotenen Produkte wie Lampen, Körbe, Tischlerarbeiten, Schmuck u.a. in Handarbeit hergestellt oder einer End-bearbeitung unterzogen werden. Größtenteils stammen die Waren aller-dings aus reinen Werkstätten, die, meist nur etwas abseits, in der Nähe der Läden angesiedelt sind. Das Klopfen, Hämmern, Klappern, Sägen, Feilen und Rattern der Handwerker und ihrer Maschinen hallte vieler-orts durch die Gassen. Es war für mich interessant, den Handwerkern bei der Arbeit zuzusehen; ihre flinken Handgriffe wirkten geschickt und routiniert. Es gab ebenso, abseits der Souks, aber noch innerhalb der Stadtmauer, reine Gewerbequartiere, wie beispielsweise das Gerbervier-tel, in dem in großem Stil Felle und Häute gegerbt und gefärbt werden. Sie alle liefern den Nachschub für ein überaus farbenprächtiges und viel-fältiges Warenangebot an handwerklichen Erzeugnissen, die in Geschäf-ten und in den Souks der Medina zum Verkauf angeboten werden.

In kleinen, teils kleinsten, verwinkelten Gässchen, größtenteils über-dacht mit Rohrgeflecht, Wellblech oder Zementplatten, werden die Wa-ren zum Verkauf angeboten. Durch die oft nur lückenhaft angebrachte Bedachung treffen Sonnenstrahlen auf die Gassen und Waren und er-

zeugen so ein interessantes und bezauberndes, in Dämmerlicht gehüll-
tes, Licht- und Schattenspiel. Einige Gassenabschnitte sind auch bei Tag
stärker abgedunkelt und bilden eine faszinierende, geheimnisvolle Kulisse. Ab den späten Vormittagsstunden, wenn Touristen verstärkt die engen Gassen aufsuchten und sich unter die Marrakschis, Tagesausflügler
und sonstigen Reisenden mischten, stellte sich ein zunehmend lebendiges, reges Treiben ein. Die Händler verhielten sich in ihrem Werben um
Kundschaft größtenteils zurückhaltend. Wenn sie Besucher auf ihr Warenangebot aufmerksam machten, so erlebte ich , dass sie dies meist auf
eine freundliche und wenig aufdringliche Weise vollzogen. Kleine Restaurants und einfache Imbissstände, boten einfache, frisch zubereitete
Speisen wie Tajines oder Pommes Frites, zu erschwinglichen Preisen (eine Tajine war bereits für 25 DH zu bekommen) an. Karg, meist nur mit
kleinen Ablagen, Tischen und einfachen Hockern und Stühlen, ausgestattet, konnte die kleine Mahlzeit entweder in der meist beengten Im-
bissstube oder vor dem Eingangsbereich eingenommen werden. Tourist-
en wurden Messer und Gabel gereicht; Einheimische aßen oftmals tradi-
tionell mit den Fingern, wobei sie ihr Essen ausschließlich mit dem
Daumen und dem Zeige- und Mittelfinger der rechten Hand, aufnah-
men. Diese Imbissstuben wiesen daher auch oft kleinste Waschmöglich-
keiten mit winzigen Waschbecken und fließend Wasser auf, an denen
die Hände mit einer einfachen Industrieseife, welche reichlich bereit lag,
vor dem Essen gewaschen werden konnten. All die farbenprächtigen Bil-
der, das Erfühlen der Waren, die schmackhaften Gerichte, die intensiven
Gerüche und vielfältigen Geräusche, welche ich in den Souks in mich
aufsog - welch ein Rausch der Sinne!

Frisch zubereitete Gerichte, heiß serviert,

in den Souks der Medina

Die Schätze der Medina

Die Medina von Marrakesch hält eine Vielzahl architektonisch und kunsthistorisch interessante Bauten bereit, von denen ich insbesondere einige restaurierte, islamische Sakralbauten besichtigte. Von meinen Eindrücken während meiner Besuche dieser Gebäude möchte ich hier berichten.

Ich lief zunächst die Rue de Bab Taghzout, welche im weiteren Verlauf in die Rue Diour Saboun übergeht, südwärts und bog an deren Ende rechts in die Rue Assouel, einer vornehmlich von Wohnbauten, alten Fondouks, Künstlerwerkstätten und Läden gesäumten Gasse, ein. Auf der rechten Seite tat sich mir ein alter malerischer, monumentaler Wandbrunnen auf. Ein alter Mann wusch gerade seine Füße mit dem Wasser, welches aus einem, in einem Wandvorsprung eingelassenen, Wasseraustritt auf die Pflastersteine plätscherte. Nachfolgend füllten Frauen und Kinder Eimer und Kanister mit dem kostbaren Nass und trugen sie davon. Der Boden unterhalb der Anlage ist grob gepflastert und mit einem Abfluss versehen. Der untere Bereich der Brunnenanlage rund um den Wasseraustritt befand sich in einem leicht ramponierten Zustand. Umso schöner bot sich mir die reich mit Koransuren in Neschi-Schrift und kufischer Schrift versehene, geschnitzte Schauwand aus Zedernholz dar. Der obere Abschluss dieser Brunnenanlage bildete ein wunderschönes, reichhaltig geschnitztes und mit Muquarnas versehenes Vordach aus Holz, eingedeckt mit grün lasierten Ziegeln. Diese Fontaine Chrob ou Chouf (Echrob-ou-Chouf), was soviel wie „trinke und schaue" oder „trinke und staune" bedeutet, zählt zu den besterhaltenen, der noch zahlreich vorhandenen Brunnenanlagen der Medina. Sie wird, wie so viele Brunnenanlagen der Medina, noch täglich von ihren Bewohnern für rituelle Waschungen und als Wasserquelle genutzt.

Nur wenige Meter weiter hatten Händler ihre Stände aufgebaut und warteten auf Kundschaft. Hier, vor dem Hintergrund eines alten, malerischen Tores, macht die Rue Amesfah einen deutlichen Knick nach links. Von „Straße" kann hier eigentlich keine Rede sein; vielmehr handelt es sich um eine Gasse, welche vor allem von zweirädrigen Fahrzeugen, Eselsgespannen und Fußgängern genutzt wird. Weiter südlich stieß ich rasch auf einen kleinen Platz und der angrenzenden Moschee Ben Youssef mit ihren grün glasierten Ziegeldächern und dem hoch aufragenden Minarett. Sie wurde zur Zeit der Almoravidendynastie, Anfang des 12. Jahrhunderts erbaut; ihr jetziges Aussehen verdankt sie allerdings zahlreichen Umbauten im 16. und Anfang des 19. Jahrhunderts. Der Platz mit seinen Ständen der Händler und den umliegenden Läden und Werkstätten wirkte lebendig; die Moschee zeigte sich mir in erhabener Schönheit.

Mich zog es weiter. So durchschritt ich den kleinen Platz in östlicher Richtung und erreichte über eine schmale, überdachte Gasse den Eingang eines Bauwerks, welches mein besonders Interesse weckte: die Medersa Ben Youssef. Vom Merinidensultan Abou el Hassan Mitte des 14. Jahrhunderts gegründet, wurde die Medersa später von den Saadiern zu einer der größten Koranschulen des gesamten Maghreb weiter ausgebaut. Bedächtig betrat ich diese ehemalige Koranschule durch ein großes, dekorativ geschnitztes, weit geöffnetes Holztor, als zu meiner Linken ein kleiner Kassenschalter zu sehen war. Der Eintritt kostete 20

Fontaine Chrob ou Chouf

Medersa Ben Youssef, Eingangsportal zum Innenhof

Dirham. Am Ende eines engen und dunklen Flures, dessen Decke mit reich bemalten Zedernholzverkleidungen geschmückt war, öffnete sich mir rechter Hand ein kleiner Vorraum. Von dort betrat ich den rechtwinkligen, lichtdurchfluteten Sahn. Welch wunderschöne Anblicke, wohin ich auch schaute! Der Boden des Innenhofs ist, einschließlich des in der Mitte eingelassenen, großen rechteckigen Wasserbeckens, mit Marmor gepflastert. Die Innenhoffassaden und Pfeiler der von beiden Längsseiten gesäumten Galerien sind im unteren Bereich mit bunten, kunstvoll dekorierten Majolikakacheln ausgekleidet; darüber schließen sich zarte, filigran gestaltete Gipsstucktaturen von einzigartiger Schönheit an. Die Decken sind mit reichhaltig geschnitztem Zedernholz verziert - alles ist so harmonisch auf einander abgestimmt und ergibt ein Anblick von erhabener Schönheit. Ich suchte mir ein schattiges Plätzchen am Fuße der Galerien und ließ die Eindrücke auf mich wirken, um zwischendurch immer wieder aufzustehen und mir Details dieser Meisterwerke maurischer und islamisch-arabische Handwerkskunst aus der Nähe zu betrachten. Die Harmonie von Formen und Farben, die Schönheit marokkanischer Architektur - ich konnte mich kaum satt sehen. Zahlreiche Besucher drängten sich über den Innenhof; hier ein Foto - dort ein Foto, viele Besucher schritten rasch weiter voran. Andere nahmen sich Zeit, die Szenerie auf sich wirken zu lassen, darunter viele junge Menschen. Gedankenversunken verharrte ich längere Zeit auf dem Boden des Innenhofs, ehe ich aufbrach, den gegenüber dem Eingang befindlichen Gebetssaal zu erkunden. Auch dort: Wände überaus reichlich mit feinstem Stuck verziert, Türbögen und Kuppeln mit mächtigen Stalaktitengewölben überaus üppig dekoriert. Filigrane Stuckarbeiten und kunstvoll zu Ornamenten gestaltete Schriftbänder mit Koransuren verzieren den Mihrab.

Ich verließ den Innenhof der Medersa und befand mich wieder im Vorraum der Medersa. Über eine steile Treppe gelangte ich in den ersten Stock zu den ehemaligen Zimmern der Studierenden, von denen viele für den Besucher frei zugänglich sind. Die kleinen bis winzigen, um Innenbalkone, zum Innenhof und zur Medina hin angeordneten Zellen, boten einst Aufenthalts- und Schlafgelegenheiten für bis zu 900 Studierende. Viele der überaus spartanisch ausgestatteten Zellen verfügen nur über kleine, an Luken erinnernde, Fensterchen, die nur wenig Licht in die Zellen hineinlassen; andere Zellen sind völlig fensterlos. Diese kleinen Räume erinnerten mich spontan an mittelalterliche Mönchs- oder Gefängniszellen. Es überfiel mich unweigerlich Platzangst, als ich mich in den kleinsten, nur wenige Quadratmeter großen Zellen aufhielt. Gewiss: die damaligen Studierenden mussten von deutlich kleinerem Wuchs, als ihre heutigen Kommilitonen gewesen sein. Doch wie war es möglich, in solch kleinen Zellen zu zweit oder wohl oftmals mit noch mehr Personen in einer Zelle auf engstem Raum zu schlafen? Bestand damals überhaupt ein Bedürfnis nach dem was wir als „Intimsphäre" bezeichnen oder musste dieses Bedürfnis unterdrückt werden? Wie nah kamen sie sich menschlich; traten Konflikte auf? Wir können vermuten, dass auch in früheren Zeiten (1960 wurde die Schule geschlossen) ein konfliktfreies Zusammenleben der Studierenden in der Medersa nicht immer gegeben war.

Ich verließ nur ungern diese ehemalige, ehrwürdige Lehranstalt, um mich auf dem Weg zu einem, noch aus der Almoravidenzeit stammenden, Bau zu machen: der Koubba Ba´adiyn (Koubba Barudyin). Nach einem kurzen Fußweg in südwestlicher Richtung erblickte ich schon von weitem eine gerippte Kuppel, welche sich nur wenig über das umliegende Gassenniveau erhebt. Dieser Kuppelbau dominiert ein kleines Grabungsgelände, welches sich mir unvermittelt inmitten der Medina darbot. Aufgrund des bis auf die Fundamente freigelegten Bauwerks wird das deutlich niedrigere Bodenniveau, auf dem es erbaut wurde, sichtbar. Wie konnte dieses Bauwerk, welches als das einzige erhaltene, rein almoravidische, Bauwerk Marrakeschs gilt, nur die vielen Jahrhunderte unbeschadet überdauern? Das Straßenniveau rund um die Koubba hatte sich seit ihrer Erbauung, welche im 12. Jahrhundert angesiedelt werden kann, im Laufe von über sieben Jahrhunderten immer weiter erhöht, bis sie schließlich, wohl schleichend, unter umliegenden Bauten und Erdreich, verschwand und in einen Art Dornröschenschlaf fiel, von dem sie erst 1948, als sie bei Erarbeiten durch Zufall wieder entdeckt wurde, erwachte. Das Grabungsgelände war mit Gittern abgesperrt und mit einem Gatter verschlossen. Durch die weitmaschigen Gitterstäbe war außerdem gut ein, der Koubba angrenzender, tonnengewölbter Zisternenbau mit Kanalsystem erkennbar. Der Verwendungszweck dieser Koubba ist nicht eindeutig geklärt. Möglicherweise handelte es sich um einen Grabbau; sie könnte aber auch als Stätte für rituelle Waschungen gedient haben, wofür die freigelegten Wasserkanäle und die angrenzende Moschee sprechen würde.

Ein junger Mann, welcher mich wohl schon einige Zeit beobachtet haben musste, sprach mich an. Er war Wächter eines kleinen, angrenzenden Parkplatzes, auf dem Ladenbesitzer und Angestellte, die in den

Koubba Ba`adiyn

Ruinenfeld des ehemaligen Badi-Palastes

umliegenden Souks ihrer Arbeit nachgehen, ihre Motorräder und Mopeds abstellten. Ruhig und freundlich erklärte er mir, dass das Grabungsgelände derzeit geschlossen und eine Besichtigung der Koubba nicht möglich sei; es gäbe Probleme mit der Wasserversorgung. Eine gewisse Enttäuschung machte sich bei mir breit - zu gerne hätte ich das Innere der Koubba besichtigt. Wir unterhielten uns noch eine geraume Zeit über seine Arbeit, als er mir verriet, dass es auf der gegenüber liegenden Seite des Grabungsgeländes ein Café geben würde, auf dessen Terrasse man die Koubba besonders gut einsehen könne. Man brauche auch nichts auf der Terrasse des Cafés trinken. Er bot an, mir das Café zu zeigen. Ich konnte die Gebäude mit ihren Dachterrassen auf der gegenüber liegenden Seite gut erkennen, sodass ich ihm zu verstehen gab, dass ich das Café schon finden werde. Er ließ sich jedoch nicht von seinem Vorhaben abbringen und führte mich kurzerhand um das Grabungsgelände herum. Wir erreichten rasch die Souks südlich des Areals, welches von Geschäften, Werkstätten und Cafés beherrscht wird. Wir hielten vor einem kleinen Café an, er zeigte auf das Gebäude und meinte, dass dies das Café mit Dachterrasse sei. Ich bedankte mich bei meinem Begleiter, gab ihm ein kleines Trinkgeld und wir verabschiedeten uns. Er schaute mir noch eine Weile nach, bis ich das Café betrat. Es war einfach eingerichtet; einige Gäste hielten sich im Erdgeschoss des Gebäudes auf und tranken Tee oder nahmen eine kleine Mahlzeit zu sich. Vom Erdgeschoss führte eine schmale, steile Treppe in den ersten Stock. Ich stieg die Treppe hinauf und fand eine menschenleere Dachterrasse vor, von der sich mir tatsächlich ein weitgehend unverstellter Blick auf die naheliegende Koubba bot.

An diesem Bauwerk wird die von Schlichtheit und Strenge geprägte Baukunst der Almoraviden besonders deutlich: Ein rechteckiger Sockel, der in mehrere Stockwerke gegliederte Überbau mit dickem Zinnenkranz und die grob gerippte Kuppel. Die Seitenwände des Gebäudes weisen größere Durchbrüche in Form von Hufeisen-, Vielpass- und Spitzpassbögen auf. Ich hielt mich noch längere Zeit auf der Terrasse auf und beobachtete die Umgebung. Kein Qahwadschi kam herauf, um mich zu bedienen.

Ein weitere Besichtigung führte mich in die südliche Medina, ins ehemalige Kasbahviertel zu den Saadiergräbern und dem Ruinenfeld des El-Badi-Palastes. Für die Anfahrt wählte ich das Taxi-in der Medina ein zuverlässiges und preiswertes Verkehrsmittel. Der Grundpreis für Fahrten innerhalb der Stadtmauern betrug 1,70 Dirham, der Mindestpreis 7 Dirham - laut Preisaushang. Die Realität gestaltete sich, wie bei so vielem in Marokko, anders und komplizierter. Oft bat ich gleich zu Beginn der Fahrt, den Taxameter einzuschalten (der natürlich gerade nicht funktionieren sollte, abgedeckt oder erst gar nicht installiert war) - also hieß es, schnell einen für beide Seiten akzeptablen Preis aushandeln, der bei einer ein bis zwei Kilometer langen Strecke meist bei 10 bis 20 Dirham lag. Die Preisgestaltung der Taxifahrer erlebte ich als undurchsichtig; sie hing wohl immer auch von den jeweiligen Umständen (Route, Anzahl und Ziele mitfahrender Fahrgäste und anderem mehr) ab. Taxifahrer in der Medina sind meist wortkarge Gesellen (anders bei Fahrten in der Neustadt, bei denen Taxifahrern zur Verabschiedung auch gelegentlich ein „Bonne journée" über die Lippen kamen) - aber sie führten mich zügig und sicher an mein Ziele.

Es war später Vormittag und der Taxifahrer setzte mich vor dem Bab Agnaou, jenem schönen, prächtigen, noch aus dem 12. Jahrhundert stammenden, Stadttor, welche den Hauptzugang zur ehemaligen Kasbah an deren westlichen Ende bildete, ab. Dieses monumentale, harmonisch in die Stadtmauer integrierte, Tor sollte auf repräsentative Weise den Machtanspruch des Sultans untermauern. Vor dem Tor hielten sich nur wenige Menschen auf. Rechter Hand befinden sich zwei weitere Durchgänge, durch die der Hauptverkehr ins alte Kasbahviertel abgewickelt wird. Schräg gegenüber ist das wesentlich unscheinbarere Bab er Robb, mit zwei weiteren Toren für den Straßenverkehr, zu erkennen. Als ich durch eines diese beiden Tore in Richtung Süden schaute, erblickte ich die im Dunst liegenden, glitzernden, schneebedeckten Berge des Atlas-Gebirges. Ich durchschritt das Bab Agnaou, wandte mich nach rechts, um auf der Rue de la Kasbah weiter in das Kasbahviertel einzudringen. Bald erblickte ich auch schon die langgestreckte, wuchtig wirkende und mit Zinnen bewehrte, Kasbah-Moschee (Mosquee de la Kasbah oder Moschee Yakoub el Mansour). An ihrem südlichen Ende befindet sich, etwas versteckt, aber an den ein- und ausgehenden Besuchern unschwer zu erkennen, der Eingang zu den Saaditengräbern (Tombeaux saadiens). Nachdem ich das Eintrittsgeld in Höhe von 10 Dirham bezahlt hatte, betrat ich die von zwei Grabbauten, Gräbern und Gärten geprägte königliche Nekropole, welche von mächtigen Mauern umschlossen ist. Das Betreten der Mausoleen war nicht gestattet; ihr Inneres durfte allerdings von den Eingangsbereichen aus fotografiert werden. Dem wachsamen Auge des Sicherheitsdienstes entging nichts. Mein Aufsetzen eines Fußes außerhalb der abgesteckten Bereiche rief sofort einen Warnruf hervor; eine kurze mündliche Verwarnung folgte. Es herrschte ein reger Besucherandrang. Zeitweise bildete sich eine lange Besucherschlange vor dem Eingang des größeren der beiden Mausoleen, von wo aus ein Blick ins Innere des Grabbaus möglich war. Es blieb mir nichts anders übrig, als mich in die Schlange einzureihen. Das Warten lohnte sich: als ich das Eingangsportal erreichte, bot sich mir, wenngleich etwas dunkel, ein Blick auf den zentralen Grabraum, mit seinen beiden Nebenräumen - beide von weißen Marmorsäulen getragen und überaus prunkvoll ausgestaltet: Muquarnasverzierte Hufeisenbögen und Nischen, Wände und Böden mit delikat gestalteten Fayencemosaiken belegt, mit prachtvollen Stuckarbeiten dekorierte Wände, feinste Zedernholzschnitzereien. In dieser Grabanlage, welche, Ende des 16. Jahrhunderts, Saadiersultan Moulay Ahmed el-Mansour zu einer bedeutenden Nekropole ausbauen ließ, fanden insbesondere zahlreiche Saadier- und Alaouiten-Sultane und ihre Familienmitglieder ihre letzte Ruhe. Zusammen mit dem kleineren Mausoleum und den zahlreichen, in den Gärten befindlichen, Gräbern strahlte die gesamte Anlage auf mich eine gewisse Würde und Ruhe aus.

Nicht weit von den Saadiergräbern und dem Bab Agnaou entfernt, liegen im nordöstlichen Bezirk des Palastviertels, die Überreste des ehemals größten und wohl schönsten Herrscherpalastes des Maghreb: die Ruinen des El-Badi-Palastes (Palais El Badi). Ich war noch gut zu Fuß und so beschloss ich meine Besichtigungstour durch das Palastviertel fortzusetzen. Bald erreichte ich die Place des Ferblantiers, die mir beim Besuch des Bahia-Palastes noch in Erinnerung geblieben war. Dort angekommen lief ich in südlicher Richtung, durchschritt das Bab Berrima und sah auch schon die mächtigen, hoch aufragenden Mauern, welche einst das Palastgelände umgaben und heute das Ruinenfeld auf der Nord-und Ostseite umgrenzen. Als ich die Mauer in westlicher Richtung (Hinweisschilder führen zum Eingang) entlang schritt stieß ich auch bald auf das Eingangsportal, bezahlte das Eintrittsgeld in Höhe von 20 Dirham und betrat den Eingangsbereich. Ich trat hinaus in den, in gleißendes Sonnenlicht getauchte, riesigen, etwa 135 m langen und 110 m breiten Innenhof. Im Zentrum des Hofs liegt ein rechteckiges, langgestrecktes, in zwei Teile gegliedertes, Wasserbassin mit den Ausmaßen von etwa 90 auf 25 m auf dem mittig die Fundamente einer ehemaligen monumentalen Brunnenanlage zu erkennen ist. Nördlich und südlich des Wasserbeckens schließen sich, deutlich tiefer gelegene, Gartenanlagen mit Orangenbäumchen an. Als ich den Innenhof durchschritt wurden mir die Ausmaße erst richtig bewusst. Der weitläufige Innenhof beeindruckte mich hinsichtlich seiner schieren Größe - seine Dimensionen (der Palast wurde auf einem 18 ha großen Areal errichtet) musste auch auf die damaligen Gäste des Palastes und Bewohner Marrakeschs tiefen Eindruck hinterlassen haben. Der Ruinenkomplex war nur mäßig besucht und so konnte ich die ganze Atmosphäre ungestört auf mich wirken lassen. Ich stieg wenige Treppenstufen, welche zu der Gartenanlage führte, hinunter und spürte eine leicht erfrischende Brise, welche mich umwehte. Um den Innenhof sind mehrere Gebäude und Pavillons angeordnet, von denen, mit Ausnahme des an der Westseite des Hofs gelegenen „Haus der Fünfzig" („Haus des Publikums") mit seiner beachtlichen Außenfassade, meist nur bescheidene Fundamente, Mauerreste sowie vereinzelte Bodenmosaike erhalten sind. Mit den Bau der Palastanlage, 1578 vom Saaditensultan el-Mansour in Auftrag gegeben und erst nach rund 25 Jahren Bauzeit endgültig fertiggestellt, wurden nur die fähigsten Architekten, Baumeister und Handwerker beauftragt. Verbaut wurden in geradezu verschwenderischer Weise die damals teuersten und edelsten Materialien wie Marmor, Onyx, Elfenbein und Gold, welche aus nah und fern, herangeschafft wurden. Prachtvolle, Marmorsäulen tragende, Kuppeln sollen die Gebäude geziert haben. Vom Glanz und der Schönheit des Palastes, die dem Betrachter seine Sinne verzaubert haben soll, konnte ich allerdings nichts mehr spüren. Auch Reste eines offenbar vorhanden ausgeklügelten Wasserleitungssystems im Hammam oder raffinierten Aufzugssystems im Küchenbereich konnte ich keine mehr erkennen. Mit dem Sturz der Dynastie der Saadier und Machtergreifung durch die Alaouiten, weniger als ein Jahrhundert nach Fertigstellung der Anlage, ließ der Alaouitenherrscher Moulay Ismail das kostbare Inventar und Dekor der Anlage entfernen und den Palast als Steinbruch für seine Prunkbauten in Meknès verwenden. Die unterirdischen Teile der Palastanlage sind teilweise der Zerstörungswut der Alaouiten entgangen. In der Nähe des Eingangsbereichs führte mich eine steile Treppe hinunter zu höhlenartigen, tonnengewölbten Durchgängen, an welche Zimmer und Wohnungen angegliedert sind. Eine steile, mit Majolikafliesen belegte, teils ramponierte, Treppe führt an der Nordostseite des Eingangsbereichs zu einer Aussichtsterrasse. Als ich die Terrasse betrat eröffnete sich mir ein wunderschöner Ausblick auf den gesamten Innenhof, auf die, mit Storchennestern bedeckten, Mauersimsen, die Medina und die Berge im Hintergrund. Von hier oben offenbarte sich mir noch einmal die Dimensionen und die streng symmetrische Anordnung der einzelnen Teile der Anlage.

Ich dachte mir: „Zumindest die marokkanische Geschichte zeigt: neben einer Aufweichung religiös-sittlicher Normen und aufkommender Dekadenz, haben oftmals auch Größenwahn, Prunk-und Verschwendungssucht des Herrschergeschlechts und deren hieraus resultierenden, zunehmenden Missbilligung und Ablehnung des (einfachen) Volkes, welche vornehmlich in Aufständen zum Ausdruck kam, zum Niedergang von Herrscherdynastien beigetragen."

Vom Palastviertel war es nicht weit zu den Vierteln im östlichen Teil der Medina, welche ich nur zu gerne erkunden wollte. So ging ich zu Fuß, wieder zurück zur Place des Ferblantiers und weiter durch die Gassen nach Norden und Osten. Hier im östlichen Teil der Medina erschienen mir die Gassen und Straßen breiter , das Gelände offener. Ich stieß auf die Rue Bab Ahmad, welche ich in Richtung Stadtmauer entlang lief. Plötzlich hinter mir ein Trauerzug: vier Männer trugen eine grob zusammengezimmerte Holzbahre; aufgebahrt war ein, in ein einfaches, weißes Baumwolltuch gehüllter Toter. Eiligen Schrittes trabten sie, umringt von einer Schar von Männern, die Straße hinunter auf das Bab Rhemat und den direkt dahinter befindlichen Friedhof, zu. Die Menschen auf der Straße machten ehrfürchtig Platz. Jetzt schnell den Toten beerdigen - so will es die Religion!

Alltag im Viertel. Es wird eingekauft; Männer gehen zum Frisör. Ein Mann bindet sein Eselsgespann an einen Laternenpfahl und lässt sich in einem Caféhaus nieder; die Sonne brennt vom Himmel - der Esel, sein Kopf ruhig, vollzieht langsame, stereotype Bewegungen mit seinem linken Hinterlauf. Ich ließ mich jetzt treiben; ohne genaues Ziel vor Augen irrte jetzt weiter umher, ohne genau zu wissen, wo ich mich gerade befand. Geradewegs steuerte ich auf einen überdachten, düsteren Souk zu. Die Gasse war eng, die Läden boten Waren für den täglichen Bedarf an und Touristen waren nur sehr wenige auszumachen. Ein herumstreunender Hund mit eingezogenem Schwanz streifte verschüchtert und in einem respektvollem Abstand an den zahlreichen Passanten vorbei. Er war einer von nur drei Hunden, auf die ich während meines gesamten Aufenthaltes in der Medina stieß. Offenbar werden sie nicht sehr geschätzt und nur ungern in der Medina geduldet.

Ich fühlte mich nicht wohl in diesem Souk, fühlte mich beobachtet, bedrängt? War es das Dämmerlicht, die Enge der Gasse, die Blicke einiger grimmig dreinblickender Männer? Ich nahm einen seitlichen Ausgang, der sich mir erst nach längerer Wegstrecke darbot und steuerte nach einem längeren Fußmarsch auf eine breitere Straße zu, die an der Stadtmauer entlang führte. Die Sonne ging rasch unter und die Dämmerung setzte langsam ein. Kinder und Jugendliche spielten auf der Straße. Außer mir waren keine Touristen auszumachen. Es war eine entlegene Gegend, fernab der üblichen touristischen Routen. Ich entschloss mich, mit dem nächstbesten Taxi den Heimweg anzutreten. Doch kein Taxi, das ich hätte anhalten können, befuhr diese Straße. So lief ich zügig an der Stadtmauer entlang weiter Richtung Norden, in der Erwartung, auf eine belebtere Straße oder ein Stadttor zu stoßen. Schräg rechts, seitlich von mir, bemerkte ich, wie mir ein Jugendlicher, wenngleich auch in deutlichem Abstand, folgte. Zudem spürte ich irgendein leichtes Ziehen an meinem Rücken, drehte mich rasch um und erblickte einen zweiten Jugendlichen, der unschuldigen Blickes sehr dicht hinter mir her lief. Ich nahm meinen Rucksack ab und stellte fest, dass der Reißverschluss einer Seitentasche halb geöffnet war. Der Jugendliche musste die ganze Zeit hinter mir hergelaufen sein und sich an meinem Rucksack zu schaffen gemacht haben. Ich hatte ihn absolut nicht bemerkt. Er hatte aus meinem Rucksack nichts entwenden können, da die Außentaschen leer waren. Ich war aber trotzdem aufgebracht und stellte die beiden Jugendlichen mit deutlichen Worten (auf französisch) zur Rede. Offenbar hatten sie zumindest das Wort „police" verstanden. Nachdem sie mir noch einige Meter gefolgt waren, drehten sie schließlich ab.

Womöglich haben diese jungen Leute keine oder einige schlecht bezahlte Arbeiten. Da verspricht ein kleiner Raubzug an einem, in ihren Augen, reichen Touristen, schnell „verdientes" Geld (ob sie auch versuchen, Einheimische, Händler auszurauben?). Wohl schätzen sie ihre beruflichen, finanziellen Perspektiven realistisch ein - was haben sie zu verlieren? Und dann diese Langeweile, die sich immer wieder ihren Weg bahnt!

Den Schreck noch in den Gliedern steckend, erhöhte ich weiter meine Schrittgeschwindigkeit und stieß auch bald auf ein Stadttor, ein kleines Nadelöhr, an dem reger Verkehr herrschte. Zahlreiche, voll besetzte Taxen, fuhren an mir vorbei, ehe endlich ein Taxi anhielt und mich sicher in meinem Viertel absetzte.

Die Place Jemaa el-Fna—Herzschlag der Medina

Ich war erstaunt über die Größe des Platzes, als ich mich ihm zum ersten Mal näherte. Es war früher Morgen und nur wenige Menschen verloren sich auf dem riesigen, winkligen Platz. Einige wenige Radfahrer und Transportfahrzeuge kreuzten die Wege der Fußgänger. Mein erster Eindruck war ernüchternd; der Platz versprühte (noch) wenig orientalische Atmosphäre. Auf der Nordseite des Platzes war großräumig ein rechteckiges Areal eingezäunt. Wie mir ein Caféhausbesitzer erläuterte, werde dort gerade Wasser- und Stromleitungen im Untergrund verlegt. Um die Baustelle herum gruppierten sich die zahlreichen Stände der Saft-, Trockenfrüchte- und Gewürzverkäufer, von denen einige bereits geöffnet hatten. Die Saftverkäufer offerierten ihre Früchte auf hoch aufragenden Wagen, auf denen sie, vornehmlich Orangen, auf Auslagen in Augenhöhe und darüber schön drapiert hatten - die Früchte sollen ja schließlich Eindruck machen und Kunden anlocken. Dahinter wurden die Früchte entsaftet, was für den Kunden nicht immer einsehbar war. Weiter nordöstlich, am Ende des Platzes, waren zahlreiche kleinere, bunte Verkaufsstände auf dem Boden aufgebaut. Kleinhändler verkauften vornehmlich Souvenirs, wobei sich neben offenbar selbst erzeugten Produkten allerlei Massenware und Kitsch befand. Erste Zigarettenverkäufer begaben sich in Stellung. Henna-Tätowiererinnen und Schuhputzer boten ihre Dienste an; sie benötigten für ihre Arbeit nur wenige Utensilien: meist einen kleinen Kunststoffschemel, einen Materialbeutel und eine Karte, auf der sie ihre Dienstleistungen dargestellt hatten. Musik- und Tanzaufführungen waren noch keine auszumachen. Die öffentlichen Gebäude rund um den Platz, insbesondere die Präfektur und

Wagen eines Saftverkäufers auf der Jemaa el-Fna

Place Jemaa el-Fna, nordöstler Teil

die Polizeidirektion von Marrakesch, waren abgesperrt; die zahlreichen Flaggenmäste mit marokkanischen Flaggen bestückt. König Mohammed VI. sollte die Stadt in Kürze besuchen, so wurde mit den Vorbereitungen für seinen Besuch bereits begonnen. Souvenirgeschäfte, Cafés, Restaurants am Rande des Platzes begrüßten ihre ersten Kunden. Weitere Neugierige, vornehmlich aus Richtung der Koutoubia-Moschee, strömten auf den Platz. Allmählich stellte sich ein lebendiges Treiben auf dem Platz ein.

Gegen Mittag begab ich mich auf die Dachterrasse des Café Glacier Le Grand Balcon, die „Grand Terrasse du Café Glacier", welche sich am Südrand des Platzes in zentraler Lage befindet. Die Terrasse verdient ihren Namen zurecht, denn sie ist ausgesprochen groß und langgestreckt. Von hier oben bot sich mir ein wunderschöner Blick über den gesamten Platz, die Souks der Medina und die Berge im Hintergrund. Das Cafe war bereits gut besucht; ein freies Plätzchen an der begehrten Brüstung, von wo sich ein unverstellter Blick auf den Platz darbot, war nicht sofort zu erhaschen. Die Menschen aßen zu Mittag oder saßen bei einem Getränk und genossen die Aussicht. Ich bestellte ein Mineralwasser, als sich ein Mann zu mir gesellte. Er war etwa Anfang 30, wie er mir erzählte im Libanon geboren; er komme gerade aus Dänemark, wo er seine Ferien verbrachte, er lebe aber in Frankreich. In Dänemark würde es gerade schneien, die Städte dort würden derzeit wie ausgestorben wirken, die Menschen besuchten gerade ihre Verwandten oder seien verreist. Er selbst arbeite in Frankreich, wo er auch ein Großteil seiner Freunde habe. Auf meine Frage, wie es ihm in Frankreich gefalle, verzog er leicht das Gesicht und wiegte seinen Kopf. In Paris gefalle es ihm nicht, es sei alles zu touristisch dort, aber in den kleineren Städten sei es schön. Er fragte mich noch nach meinem Namen, verabschiedete sich höflich von mir und verließ dann das Café.

Unterdessen führten auf dem Platz kleinere Gruppen Tänze auf. Darbukas, Tamburine und Ribabs waren zu hören. Am Ende ihrer Vorstellung ging der Tamburinspieler, bewaffnet mit seinem Instrument, auf die umstehenden Zuschauer zu und sammelte Geld ein. Fotos, die von der Musikgruppe geschossen wurden, mussten extra bezahlt werden (meist verlangten sie 10 DH pro Aufnahme) und ihren Blicken entging so gut wie nichts. Es war mittlerweile früher Nachmittag, immer mehr Menschen strömten herbei; der Platz war mittlerweile gut gefüllt; Marrakschis, Marokkaner, wie Touristen gleichermaßen beherrschten den Platz. Die Sonne strahlte vom wolkenlosen Himmel und für einen Dezembernachmittag war es angenehm mild. Der Aufbau der Garküchen begann: eine gewisse Hektik kam auf; eilig wurde zusammengesteckt, geschraubt, Planen verlegt, angeschlossen, Tische und Bänke aufgebaut und gedeckt-es wurde deutlich: hier arbeitete ein eingespieltes Team. Am Ende stand alles in Reih und Glied; jeder Stand war mit einer Nummer versehen. Als die Holzkohlegrills angeworfen wurden, setzten sich auch schon die ersten hungrigen Gäste an die Tische. Unterdessen stellte sich eine Gruppe Gnawamusiker, in voller Tracht, vor den Ständen auf. Die T'bol, Qarqaba und Tamburine wurden geschlagen. Der Startschuss für ein größeres Spektakel unter freiem Himmel war gefallen! Das Geklapper und die ausgesprochen lauten Schläge erfüllten den Platz. Zahlreiche Besucher auf der Dachterrasse des Cafés erhoben sich von ihren Plätzen und starrten neugierig auf den Platz hinunter. Eine

Auf der „Grand Terrasse du Cafe Glacier", „Orientale"

Place Jemaa el-Fna, Garküchen

gewisse Unruhe machte sich unter den Gästen breit. Die lärmenden Schläge der Gnawamusiker wurden nun schneller, lauter. Allmählich begannen die Gäste des Cafés wieder in ihre gewohnte Haltung zurückzukehren, nur die Unterhaltungen mussten nun lauter geführt werden. Weitere Gnawamusiker traten auf; der Lärmpegel auf dem Platz stieg demzufolge weiter an. Mich hielt es bald nicht länger auf der Dachterrasse, stieg hinab auf den Platz und tauchte ein in ein buntes, quirliges Treiben. Jetzt warteten weitere Attraktionen auf den Besucher: Schlangenbeschwörer, Affendompteure, Zauberer, Maler, Zahnzieher (welche vornehmlich auf die Fotos der Besucher aus waren) traten auf; aber auch Geschicklichkeits- und Glücksspiele wurden angeboten.

Die Sonne stand jetzt tief und hüllte den Platz in ein weiches, warmes Licht. Langsam setzte die Dämmerung ein. Verkäufer allerlei fluoreszierenden Gegenstände machten erste Geschäfte. Die verlockenden Düfte der Garküchen stiegen in meine Nase. Rund um die Garküchen buhlten Promotor der verschiedenen Stände engagiert und hartnäckig um Gäste. Da kam auch schon ein sympathisch wirkender, junger Mann auf mich zu, hielt mir die Speisekarte hin, deutete auf seinen Stand und warb für seine Gerichte. Da ich bereits leichten Hunger verspürte und die Atmosphäre der Garküchen gerne erleben wollte, ging ich daher gerne auf sein Angebot ein und setzte mich an einen freien Platz auf einer seiner Bänke. Ich befand mich am Stand Nummer 30 „Chez My El Mehdi". Die Speisekarte war auf Marokkanisch, Französisch, Spanisch, Deutsch und Englisch gehalten und mit aussagekräftigen Bildern ausgestattet. Ich war überrascht, der Stand bot, neben einigen Softgetränken, eine recht große Auswahl an typisch marokkanischen Speisen an: verschiedene Salate, Gemüse wie Paprika, Auberginen, einfache Fleisch- und Fischgerichte, Tajine- und Couscousgerichte. Die Preise waren mit 5 DH für Spinat, Paprika oder einen marokkanischen Salat sehr moderat. Die Tajinegerichte begannen bei 30 DH für eine Gemüsetajine; ich entschied mich für eine Mandel- und Pflaumentajine, welches 70 DH kostete. Ich musste nicht lange auf mein Essen warten und genoss ein sehr schmackhaftes Gericht. Diese Garküchen, umgeben von den zahlreichen Lichtern, den verschiedenen Düften, umgeben von einem jahrmarktähnlichen Rummel, boten eine einzigartige, aufregende Atmosphäre.

Die Sonne war untergegangen, Verkäufer allerlei fluoreszierender Gegenstände machten jetzt gute Geschäfte. Ich schlenderte langsamen Schrittes über den Platz und stieß auch bald auf eine größere Menschenansammlung, welche sind ringförmig um zwei Männer gebildet hatte. Es sind die Geschichtenerzähler, die über die Jahrzehnte hinweg nichts von ihrer Anziehungskraft verloren haben. Es hat sich nur wenig verändert gegenüber dem Jahr 1954, als Elias Canetti, der spätere Literaturnobelpreisträger, seine Eindrücke und Erlebnisse auf der Jemaa el-Fna in seinen Aufzeichnungen „Die Stimmen von Marrakesch" wie folgt beschrieb: „Den meisten Zulauf haben die Erzähler. Um sie bilden sich die dichtesten und auch beständigsten Kreise von Menschen. Ihre Darbietungen dauern lange, in einem inneren Ringe hocken sich die Zuhörer auf dem Boden nieder und erheben sich nicht so bald wieder(...)" An diesem Dezemberabend des Jahres 2016 bot sich mir das folgende Bild: Im inneren Kreis saßen die Menschen, ausnahmslos Männer, auf kleinen Schemeln, dahinter standen Männer, dicht gedrängt, in weiteren

Kreisen und lauschten andächtig den Worten zweier Erzähler. Die Augen der Beobachter glänzten im Licht der Petroleumlampe, welche in der Mitte des Rings aufgestellt war. Ab und zu brach ein heiteres Lachen unter den Zuhörern aus; es wurde kurz geklatscht. Alle Augen richteten sich freudig und gebannt auf die Geschichtenerzähler, deren Worte und Gesten aufmerksam verfolgt wurden. Ein erwartungsfrohes Lächeln breitete sich über die Gesichter der belustigten Zuhörer aus. Von was handelte ihre Geschichte? Ich verstand nicht, was die Erzähler vortrugen, da sie im marokkanischen Dialekt des Arabischen sprachen. Die Geschichte, die die Männer sichtlich in den Bann zog, musste ausgesprochen amüsant sein, wies offenbar viele Wendungen auf. Meine Neugierde war groß und so sprach ich einen besser gekleideten Mann an, von dem ich vermutete, dass er sich des Französischen mächtig erweisen werde. Ich fragte ihn leise, ob er mir sagen könne, von was die Geschichte handele. Er meinte, dass es etwas Triviales sei, es gehe um Männer und Frauen. Ich fragte nach: „ Um die Liebe?" „Nicht ganz." Es gehe vor allem um die Freuden und die Probleme des Mannes mit seinem Geschlecht; mehr konnte oder wollte er mir nicht erzählen. Jetzt wurde mir klar — da sich ausnahmslos Männer um die Geschichtenerzähler scharten, musste es ein Thema sein, dass vornehmlich sie ansprach. Am Ende der Geschichte wurde heftig geklatscht. Die Erzähler baten um einen kleinen Obolus, welche die Zuhörer gerne erbrachten. Nicht weit entfernt unterhielt ein weiterer Geschichtenerzähler die Besucher. Auch dort lauschte eine größere Menschenmenge, welche aus Frauen, Männern und vereinzelten Kindern bestand, der Geschichte des Erzählers. Es ist also anzunehmen, dass der Erzähler eine familienfreundlich ausgestaltete Geschichte vortrug. Er wirkte besonders durch seine ausdrucksstarke Gestik und Mimik sowie den Gebrauch seiner Stimme, welcher er meisterhaft und geschickt einsetzte. Wie mich ein Zuhörer aufklärte, sei der Erzähler sehr beliebt und der berühmteste Erzähler Marokkos.

Nicht nur der Platz selbst sondern auch die angrenzenden Souks nördlich der Jemaa el-Fna sowie die Gassen, welche vom Platz nach Süden führen, waren prall gefüllt mit Menschen. Wer größere Menschenansammlungen als unangenehm empfindet, fühlt sich hier wohl nicht gut aufgehoben. Ich hielt mich noch lange auf dem riesigen Platz auf, der eine so große Faszination auf mich ausübte. Auf welchem Platz treffen schon Tag ein Tag aus so viele Menschen aus unterschiedlichsten Ländern der Erde mit Einheimischen zusammen?

Werden auch noch in Zukunft die Geschichtenerzähler auf dem Platz die Menschen mit ihren Geschichten unterhalten und erheitern? Es sind die alle Zeiten überdauernden, existenziellen Themen, wie Freundschaft, Liebe, Leid, Freude, Sexualität, Verrat, Rache, Tod u.a., die die Menschen berühren - in denen sie ihr eigenes Leben wiederfinden.

Die Chancen stehen zumindest gut.

Eine besondere Beziehung

Das Verkehrsaufkommen in der Medina war sehr groß. Die breit ange-
legten, mehrspurigen Straßen, im westlichen und südlichen Teil der
Medina, besonders rund um die Koutoubia Moschee und im Kasbah-
Viertel, waren zu allen Tageszeiten bis spät in die Nacht stark befahren.
Aber auch in den schmaleren Straßen und in den Gassen drängelten
sich ab dem Vormittag allerlei Fußgänger und Gefährt: Autos, Linien-
busse, Taxen, Eselsgespanne, Autorikschas, Fahrräder und vor allem
Motorräder, Mopeds, Motorroller. Es dürften in der Medina weit mehr
dieser motorisierten Zweiräder als Autos unterwegs sein. Sie werden von
Frauen und Männern gleichermaßen gefahren. Ein Großteil ihrer Fahrer
trugen einen einfachen Helm auf dem Kopf. In allen, selbst den
schmalsten Gassen waren sie anzutreffen, gefahren von Frauen, Mädchen, jungen Männern; alte Männer fuhren sie. Doch wohin fuhren
sie ? Was war der Grund für ihre Fahrt ? Da saßen Kinder oder Jugendliche entweder vor dem Fahrer oder hinter ihm auf dem Sitz mit auf
dem Gefährt; Einkaufstaschen, Säcke mit Lebensmittel und Waren wurden mit ihnen transportiert. Tagsüber stellten die Fahrer ihre Fahrzeuge
vor ihren Hauseingängen ab. Händler oder Beschäftigte, welche in den
Souks ihrer Arbeit nachgingen, stellten ihre Zweiräder tagsüber meist
auf kleinen bewachten Parkplätzen, welche in der Nähe ihrer Arbeits-
stätten errichtet wurden, ab. Des Nachts werden die Zweiräder dann in
die Hausgänge geschoben-sicher ist sicher. Eines Abends beobachtete
ich einen jungen Mann, wie er an einem Brunnen auf einem kleinen
Platz sein Motorrad mit Wasser besprengte. In langsamen, fast zärtlich
anmutenden, Bewegungen putzte er sein Motorrad mit einem Tuch ab.

Die Marrakschis scheinen ihre zweirädrigen Gefährte zu mögen. Die Fahrten mit diesen Zweirädern - sie scheinen für die Marrakschis eine Erleichterung zu bedeuten, ihnen Freude zu bereiten, ihnen ein Stück Unabhängigkeit zu schenken. Stolz und vergnügt thronen sie auf ihren Gefährten: junge Frauen, mit Kopftuch, mit oder ohne Helm steuern selbstbewusst und ruhig ihre Roller; junge Männer mit einem Grinsen auf dem Gesicht rasen die Gassen entlang, schlängeln sich durch die Fußgänger hindurch; Frauen mit Kopftuch und Abaja rollen forsch voran; alte Männer in Djellabas gleiten würdevoll durch die Gassen. Von hinten, von der Seite, ja von vorne kommen sie angerauscht. Der jugendliche Fahrer ist schon von weitem zu hören: er beschleunigt stark, bremst dann freundlicherweise kurz vor dem armen Fußgänger ab, um dann (meist) unbeschadet und natürlich mit starker Beschleunigung seine Fahrt fortzusetzen. Da sind die weiblichen Fahrer oder auch die alten Männer - das gleichmäßige und monotone Surren oder Knattern ihrer Gefährte ist für den aufmerksamen Fußgänger problemlos wahr zu nehmen. Elegant schlängeln sie sich am Fußgänger vorbei. All diese motorisierten Zweiräder waren stets und überall in der Medina meine ständigen Begleiter. Die Fahrer dieser Zweiräder kündigen ihr Erscheinen meist durch ein kurzes Hupen an. Dies geschieht für gewöhnlich immer dann, wenn sie in eine Kurve biegen oder sie erkennen, dass ein Durchkommen aufgrund der bestehenden Situationen nicht möglich erscheint. Dabei beobachten sie das Verhalten der Verkehrsteilnehmer offenbar sehr genau und schätzen ab, ob ein Vorbeifahren, bei den eingeschlagenen Laufwegen und gegebenen Geschwindigkeiten der anderen Verkehrsteilnehmer, möglich erscheint. Wird gehupt, heißt es rasch zur Seite zu springen; kommt ein Fahrer von vorne angerauscht, wird vom Fußgänger eine Entscheidung abverlangt, welche er rasch treffen sollte: weiche ich nach rechts oder links aus; bleibe ich besser stehen? Besonders für Fußgänger ist daher eine erhöhte Wachsamkeit von Vorteil und ein gutes Gehör Grundvoraussetzung, um sich bei einer Teilnahme am Verkehr schadlos halten zu können. Es waren nur Zentimeter, die eine Kollision verhinderten; oft verspürte ich nur einen Windhauch zwischen einem vorbeifahrenden Fahrzeug und meinem flatternden Hosenbein. Es ist eine hohe Kunst sich, besonders als Zweiradfahrer, in den Straßen und Gassen der Medina fortzubewegen - eine Fertigkeit, welche die Marrakschis erlernt haben und (meist) beherrschen. Wie durch ein Wunder war ich während meines gesamten Aufenthaltes im Straßenverkehr nicht zu Schaden gekommen.

An einen anderen Umstand des starken Verkehrsaufkommens mochte ich mich allerdings nicht gewöhnen. In Marrakesch herrschten meist nur schwache Luftbewegungen; an vielen Tagen war es nahezu windstill. Die stark befahrenen Straßen und besonders enge, hoch aufragende Gassen, in denen der Luftaustausch zusätzlich erschwert wird, waren regelmäßig erfüllt vom stechenden Geruch der Abgase.

Der Mensch vergiftet sich selbst. Doch wer will es den Marrakschis verdenken? Haben sie nicht auch ein Recht auf das was sich ihnen als Fortschritt offenbart, was ihnen Erleichterung verschafft, was dazu beiträgt, ihren Lebensunterhalt zu bestreiten? Sind es nicht die kleinen Freuden des Alltags, die das Leben lebenswert machen?

Alles geht seinen gewohnten Gang

Ich wurde wach zur Stunde des Fadschr. Der Adhān dröhnte, wie jeden Morgen, asynchron aus den Lautsprecheranlagen der Minarette; einige Gebetsaufrufe setzten wenige Sekunden, andere Minuten nach dem ersten Aufruf, von verschiedenen Moscheen ein. Die Aufrufe waren meist kurz gehalten, oftmals dauerten sie nur wenige Minuten an und waren in den Häusern der Medina nur gedämpft wahrnehmbar.

In diesen Wintertagen war es früh morgens noch recht frisch, um nicht zu sagen kalt, im Viertel Sidi Ben Slimane. Ich verließ, wie jeden Morgen, nach dem Frühstück mein Quartier und lief die Kaa Sour, jene langgezogene, sich schlängelnde Gasse, nach Süden und erreichte nach wenigen Metern die kurze, dunkle Unterführung. Es war, als hätte sich die Feuchte der Nacht hier gesammelt; ein steinig-erdiger, leicht modriger Geruch hing schwer in der Luft. Keine einladende Szenerie und so bevölkerten zu dieser frühen Tageszeit auch nur wenige Menschen die Gasse. Ein Straßenkehrer, gut zu erkennen an seiner Warnweste, welche er über seinem Kittel trug, bewegte sich flink umher. Er kehrte, ausgestattet mich einem langen Reisigbesen, den größten Unrat, welche die Menschen am Vortag hinterlassen hatten, grob zusammen und entsorgte ihn. Hinter einer kleinen Biegung sah ich inmitten der Gasse zwei Männer mittleren Alters stehen. Der eine Mann fütterte den anderen, sichtbar gebrechlichen, Mann mit Brot. Behutsam führte er die Brotkrumen zum Mund des Empfängers-alles wirkte eingespielt, so vertraut; sie redeten wenig und leise miteinander. Erst ganz allmählich kamen mehr Menschen aus ihren Behausungen: alte Frauen auf dem Weg zur Nachbarin, kleine Kinder auf dem Weg zur Schule, Touristen verließen ihre

Morgendliche Szenen im Viertel Sidi Ben Slimane

Riads, um zu einer Tour aufzubrechen oder um ihre Rückreise anzutreten, Männer schwangen sich auf ihre Motorräder...wie jeden Tag. Alles geht seinen gewohnten Gang.

Die Sonnenstrahlen gewannen an Kraft, füllten und erwärmten langsam die Gassen; Kioske, Werkstätten, Geschäfte öffneten, das Leben erwachte. Es wurden erste Einkäufe getätigt; vor den Kiosken standen Männer und tratschten. Die Bewohner des Viertels grüßten einander; Fremde wurden nicht gegrüßt. Eine Ausnahme bildete nur der Tuchhändler, welcher gerade den Platz vor seinem Geschäft mit Wasser besprengte und mir ein freundliches „Bonjour" entgegenbrachte. Sicher sah er in mir einen potenziellen Kunden - da zeigt man sich besser von seiner höflichen Seite. Frauen und Kinder füllten am Brunnen vor der kleinen Moschee Wasser ab und trugen es in ihre Häuser...wie jeden Tag. Alles geht seinen gewohnten Gang.

Hier am südlichen Ende der Zaouia Sidi Ben Slimane, einem weitläufigen Moscheekomplex, verbreitert sich die Gasse zu einem kleinen Platz. Einige Männer standen angelehnt an Häuserwänden, andere saßen auf dem kalten und staubigen Pflaster. Ihre Lieblingsbeschäftigung schien das Beobachten der vorbeiziehenden Menschen zu sein. Diesen Zeitvertreib frönten sie nicht immer offen; scheinbar gelangweilt und desinteressiert starrten sie in die Gegend. Doch ihren Blicken entging nichts. Zwei junge, offenbar chinesische, Frauen schritten die Gasse entlang; eine von ihnen trug einen Mundschutz. Natürlich wurden sie schon längst entdeckt. Was mag den Bewohnern wohl durch den Kopf gegangen sein? Möglicherweise fragten sie sich: „Warum trägt die Frau einen Mundschutz? Wozu soll das gut sein? Sand bläst ihr keiner ins

Gesicht." Vielleicht sind sie solche Anblicke aber auch gewohnt und verlieren keine Gedanken mehr daran, ein solches, für sie wohl unverständliches Verhalten, zu hinterfragen. Derweil führten Handwerker Renovierungsarbeiten am Portal der Moschee und den dahinter befindlichen Räumen durch... wie jeden Tag. Alles geht seinen gewohnten Gang.

Aus den Nebengassen ertönte plötzlich ein seltsames Hupen, offenbar Töne einer Ballhupe, welches in unregelmäßigen Abständen ertönte, mal leiser, dann wieder lauter zu hören waren. Waren es Kinder, die hier ein Spielchen trieben oder Fahrradfahrer, die sich ihren Weg zu bahnen versuchten? Ich musste diesem „Geheimnis" auf den Grund gehen. Das Geräusch war schwer zu lokalisieren. So lief ich unsicher um die Moschee herum in eine Seitengasse, woher ich das Geräusch vermutete. Das Geräusch wurde schwächer; es schien sich von mir weg zu bewegen. Dann war es eine Zeitlang nicht mehr zu hören. Ich schritt nun zügiger in zunehmend enger und dunkler werdende Gässchen vor. Da ertönte das Signal erneut, diesmal vernehmlich. Ich musste ihm jetzt ganz nahe sein. Vorsichtig wagte ich einen Blick in eine Seitengasse, welche sich als Sackgasse erwies und erblickte einen Mann mit einem Handkarren, an dem eine Ballhupe befestigt war. Er war es also, der die Signaltöne von sich gab. Auf seinem Handkarren waren verschiedene Säcke befestigt, in denen sich vor allem Brotreste, Obstschalen und Plastikflaschen befanden. Ich grüßte freundlich, als sich die Tür eines Hauses öffnete und eine junge, freundlich dreinblickende, Frau heraustrat. Sie überreichte dem Mann einige Brotreste. Die Frau, welche fließend französisch sprach, erklärte mir auf meine Bitte hin, was es mit dem Sammeln der Brotreste auf sich habe. Der Mann werde die Reste

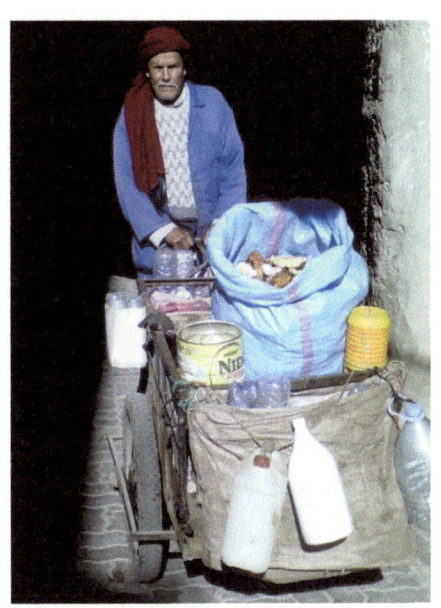

Brotsammler, Viertel Sidi Ben Slimane

Gasse, nördliche Medina, im Vordergrund: Schulkind in Uniform

trocknen und dann verkaufen. So könne er sich etwas Geld verdienen. Ah! Alles wird wiederverwertet und nutzbar gemacht - nichts geht verloren. In anderen Gassen begegneten mir weitere dieser Brotsammler; offenbar haben sie die Reviere unter sich aufgeteilt. Hurtig gingen sie ihrer Arbeit nach, wie jeden Tag...Alles geht seinen gewohnten Gang.

Auch die Rue de Bab Taghzout, jetzt voll erstrahlt im wärmenden Sonnenlicht, füllte sich zusehends mit Menschen. An kleinen Ständen, Kiosken, Garküchen, Handyläden, Bäckereien, Patisserien wurden eifrig Geschäfte getätigt; im Bezirksrathaus Behördengänge erledigt. Auch in den Bankfilialen herrschte in den Vormittagsstunden ein reger Besucherverkehr. Geduldig standen die Kunden teilweise in Warteschlangen; andere harrten auf den wenigen Sitzplätzen aus. Ruhig und beherrscht nahmen die Bankangestellten die Anliegen der Kunden entgegen. Gegen Mittag kamen die ersten, meist jüngeren Schulkinder, von der Schule. Unterwegs erwarben sie die eine oder andere Kleinigkeit oder verloren sich in Spielchen. Am Nachmittag waren die Gassen des Viertels Sidi Ben Slimane gut gefüllt. Vor den beiden Eingängen des Hammams Sidi Ben Slimane, dem Eingang für Frauen und dem der Männer, parkte ein Eselsgepann, beladen mit Säcken voller Sägespäne. Der grimmig dreinschauende Fahrer machte mir ruhig, aber bestimmt ein „No Fotos!" entgegen. Sicher, eine tendenziell bilderfeindliche Einstellung ihrer Religion mag sie dazu veranlassen. Die Scheu vieler Medinabewohner, fotografiert zu werden, könnte allerdings auch mit der, vor allem im Volksislam anzutreffenden, Vorstellung zusammenhängen, dass der Fotograf mit seiner Ablichtung möglicherweise eine gewisse Macht über die fotografierte Person erhalten könne. Diese ablehnende Haltung zur Ablich-

Eselsgespann, beladen mit Sägemehlsäcken vor dem „Hammam Sidi Ben Slimane"

Getrennte Eingänge zum „Hammam Sidi Ben Slimane"

tung ihrer Gestalt, auch aus größerer Entfernung, erlebte ich im Viertel Sidi Ben Slimane häufiger. Eine freundliche Anfrage, mittels Worten oder Gesten, verbunden mit der Zahlung eines Bakschisch, ließ mir gelegentlich Zustimmung zuteil werden. In den anderen Vierteln der Medina stieß ich bei meinen Anliegen auf weit weniger oder gar keine Ablehnung. Ob gerade Menschen in besonders bescheidenen Lebensverhältnissen das Ablichten ihrer Person als besonders entwürdigend empfinden müssen? Jugendliche standen zu zweit oder in kleineren Gruppen zusammen, meist an Abzweigungen oder anderen exponierten Stellen einer Gasse, hingen ab, das Smartphone häufig stets griffbereit, tratschten entspannt und fröhlich miteinander. Motorradfahrer dröhnten laut durch die Gassen. Es war ein lebendiges Treiben in den Gassen und die Gebetsrufe aus den Lautsprechern der umliegenden Moscheen waren hier in den Gassen nur gedämpft hörbar - bald nahm ich sie immer häufiger nur noch unbewusst wahr. Alles geht seinen gewohnten Gang.

Immer mehr Kinder strömten in die Gassen und spielten miteinander. Wenn sie nicht gerade im Spiel versunken alles um sich herum vergaßen, kamen sie neugierig auf mich zu und sprachen ein „Welcome" oder „How are you?", welches sie wohl in der Schule gelernt hatten, aus. Gerne schnippten sie mit Steinchen um die Wette oder betrieben das Jonglieren und Kicken mit einem kleinen Knäuel aus spiralförmig verwobenen Gummifäden, welches ihnen als Ball diente. Außerhalb des Viertels sah ich oft, wie die Kinder hierfür kleine Fußbälle aus Plastik verwendeten. An diesen Spielchen vermochten auch Jugendliche sich gerne beteiligen. Ihr Kenntnisstand über die europäischen Fußballclubs, insbesondere der spanischen, französischen und deutschen Clubs und ihrer Spieler war beträchtlich. Die Jugendlichen, welche sich in den Gassen in der Nähe meines Riads aufhielten, verhielten sich mir gegenüber stets freundlich und zurückhaltend... wie jeden Tag. Alles geht seinen gewohnten Gang.

Ich lief die Kaa Sour an der Brunnenanlage und der Moschee vorbei in nördlicher Richtung, als ich ein aufgeregtes Stimmengewirr in der Ferne vernahm. Ich kam näher heran und sah einen größeren Menschenauflauf. Der Fahrer einer mit Waren beladenen Motorrikscha stand an einer Gabelung, an deren Eck sich ein kleiner Kiosk befand. Er war dabei, in eine Nebengasse einzubiegen. Die Gasse war an dieser Stelle allerdings so schmal, dass das Fahrzeug nicht hindurchzupassen schien; es steckte fest. Die Folge war, dass sich an drei Seiten ein Rückstau an Menschen und Fahrzeugen bildete. Der Lärmpegel in der Gasse stieg an. Viele der anwesenden Menschen gaben Kommentare ab; gestikulierend erteilten sie dem Fahrer Ratschläge, wie er durch das Nadelöhr gelangen könne. Sorgenvoll und aufgeregt, aber beherrscht, gab der Kioskbesitzer, welcher aus seinem Verschlag herausschaute, dem Rikschafahrer Anweisungen. Seine Sorge war berechtigt, denn der Rikschafahrer lief ernsthaft Gefahr, Teile der Kioskausstattung herunterzureißen. Das Fahrzeug war eingeklemmt zwischen Hauswand und Kiosk. Weitere Kinder und Jugendliche, welche sich in der Nähe aufhielten, strömten neugierig herbei; die Aufregung der Beteiligten nahm zu. Aufruhr! Tumult! Jetzt war Millimeterarbeit gefragt: ganz vorsichtig zurücksetzen, vor und wieder zurück, in einem anderen Winkel in die Nebengasse einbiegen - alles schon einmal dagewesen! Endlich geschafft, der Fahrer tuckerte sehr bedächtig in die Gasse hinein; die Anspannung wich von den Gesichtern und machte einer gewissen Zufriedenheit Platz. Die Menschenmenge löste sich langsam auf. Die Ordnung war wieder hergestellt. Alles geht seinen gewohnten Gang.

Schnell brach die Dämmerung herein und mit dem Abend schien das Bedürfnis der Menschen nach Ausgang, nach Sehen und Gesehen werden, nach gemeinsamen Beisammensein, nach Essen und Trinken, zuzunehmen. Es bestand kein Zweifel, dass diese Bedürfnisse insbesondere auf der Straße befriedigt werden müssen. So herrschte des abends auf der Rue de Bab Taghzout und ihren angrenzenden Straßen und Gassen, ein herrliches Menschengewimmel. Es war, als wäre jetzt jeder Bewohner, der dazu fähig war, auf den Beinen: Jung und alt-vom Kleinkind bis zum Greis. Zufriedene Gesichter, glückliche Kinderaugen: Süßigkeiten für die Kleinen und Kleinsten, liebevoll von ihren älteren Geschwistern begleitet. In den kleinen Imbissstuben und an den Garküchen herrschte derzeit Hochbetrieb. Gegrillte Brochette, Tajine, Couscous, Schneckensuppe für wenige Dirham waren die beliebtesten Speisen der Bewohner der umliegenden Viertel, welche sie entweder an einfachen Tischen in den Stuben oder aber im Stehen einnahmen. Die Rauchschwaden der Garküchen zogen über die Straße und die Menschen hinweg und schufen so, im Glanz der abendlichen Lichter, eine gespenstische, nahezu surrealistisch anmutende, Atmosphäre. Das bunte Treiben hielt an bis spät in die Nacht, als die Bewohner langsam die Gassen, Straßen und Plätze verließen und sich die Stille und Kälte der Nacht über die Gassen legte.....wie jeden Tag. Alles geht seinen gewohnten Gang.

Abendliche Stimmung, Rue de Bab Taghzout

Königinnen der Dachterrasse

Erste Sonnenstrahlen erwärmten die Luft. Als warteten sie auf ihre Wiederbelebung, kalt und klamm von der Nacht geschwächt: struppige Pflanzen in Keramikkübeln, eine einfache Sitzgruppe mit dicken Kissen, ein flacher Tisch, gusseiserne Stühle, alte Plastikliegen, die sie umgebene, hohe Mauer.

Es herrschte eine geradezu unwirkliche Stille, frühmorgens auf der Dachterrasse meines Riads. Nur vereinzelt hörte ich in der Ferne leises Vogelgezwitscher. Grünflächen sind rar hier im nördlichen Teil der Medina. Die Sonne stieg höher. Zwei Katzen schlichen auf den Mauersimsen entlang, beschnupperten sich, schienen sich zu mögen und die nun wärmende Kraft der Sonne zu genießen. Eine weitere Katze tauchte auf. Sie zelebrierten ihren alltäglichen Auftritt, oben auf der Mauer.

Die hohe Mauer der Dachterrasse ist teilweise mit anderen Mauern der umliegenden Dächern verbunden. Ich stieg an der Nordseite der Mauer auf einen Stuhl und blickte über den Mauersims auf das Dach des Nachbarhauses. Ein überdachter Aufgang führte hinauf zur Terrasse, Wäscheleinen waren gespannt, eine Satellitenschüssel installiert und einige Gegenstände lagen wahllos auf dem Boden. Von hier oben hatte ich einen phantastischen Rundumblick über die nördliche Medina: Dachterrassen mit ihrem Gewirr aus Satellitenschüsseln und Antennendrähten, Wäscheleinen und Unrat; reichlich dekorierte Dachterrassen touristisch genutzter Riads; vereinzelt aufragende Bäume in der Ferne; Moscheen mit ihren Ziegeldächern und Minaretten; graue Flachdächer; überdachte Gassenabschnitte; verfallene, aufgegebene Häuser mit ihren Innenhöfen; Baulücken und dieses mächtige Gebirge mit seinen, je nach

Tageszeit gelb-weißlich oder leicht rosa schimmernden Schneeflächen im Hintergrund.

Es wurde Mittag und nur die, zeitlich leicht versetzt einsetzenden, Gebetsaufrufe aus den Lautsprechern der umliegenden Moscheen durchschnitten für kurze Zeit die Ruhe - danach wurde es wieder still. Vereinzelt hörte ich Frauenstimmen, welches aus einer Fensteröffnung und dem Aufgang des Nachbarhauses drang. Vermehrt drangen Kinderstimmen und das Geknatter von Motorrädern aus der angrenzenden Gasse nach oben. Nahezu lautlos sprangen Katzen, es mögen nun fünf an der Zahl gewesen sein, nun agiler als noch am Morgen, die Mauer hoch und runter, schlichen auf der Terrasse herum. Ich stieg derweil auf einen der vorhanden Stühle, welche sich auf der Terrasse befanden und beobachtete die Umgebung. Die umliegenden Dachterrassen waren, mit Ausnahme der Riads, auf deren Dächern sich zeitweise Touristen aufhielten, so gut wie nicht besucht. Doch da: eine Frau betrat die Terrasse des Nachbarhauses und verschwand sodann auch schon wieder. Vielleicht hatte sie mich bemerkt und ich hatte mich allzu neugierig gezeigt. Rasch stieg ich vom Stuhl hinab und stellte meinen Hochstand an anderer Stelle wieder auf. Verwaist breiteten sich die Dachterrassen der umliegenden Häuser in strahlendem Sonnenschein vor mir aus.

Ich verließ zwischenzeitlich die Terrasse, bis am Nachmittag ein fürchterliches Heulen und Jammern, welches von der Dachterrasse her in mein Zimmer drang, aufschreckte. Ein Kind, welches sich verletzt hatte und jetzt furchtbare Schmerzen zu erdulden hatte? Die Rufe, das Jammern wurde immer intensiver, heftiger; waren von Panik durchdrungen. Ich wollte der Sache auf den Grund gehen, lief die Dachterrasse hinauf und sah, wie zwei große Katzen ein kleines, offenbar noch junges Kätzchen jagten. Rasend schnell flitzten die Tiere auf dem Boden der Terrasse herum, aggressiv fauchend stürzten sie auf das kleine Kätzchen. Dieses stieß entsetzliche Schreie aus, die durch Mark und Bein drangen. Das Kätzchen konnte sich losreißen und unter die Coach flüchten. Die beiden großen und deutlich dickeren Katzen konnten ihr dorthin nicht folgen, weil sie schlichtweg zu dick für den Unterschlupf waren. Das Kätzchen stieß weiterhin Schreie aus, während die beiden größeren Katzen geduldig vor der Coach Stellung bezogen. Allmählich wurden die Schreie des Kätzchens seltener. Nach geraumer Zeit entspannte sich auch die Haltung der beiden großen Katzen. Sie gaben ihre Stellung auf und zogen davon - das Spiel war beendet. Vom kleinen Kätzchen waren nur noch leise Töne zu hören, dann verstummte es ganz. Diese Szene wiederholte sich tagtäglich, um diese Tageszeit, in ähnlicher Form. War es ein Machtspiel; musste die Rangordnung unter den Katzen demonstriert oder wiederhergestellt werden? Unweigerlich ging mir durch den Kopf: „Vollziehen Menschen nicht auch gelegentlich solche 'Spiele'? Unterdrückung, Machtdemonstrationen, destruktive Aggressivität - alles leidlich bekannt. Auch bei ihnen sind Schreie zu vernehmen, danach Versöhnung oder eben innere Schreie und ein zerstörendes Schweigen..."

Am Abend, als die Katzen, nach geklärten Verhältnissen, zu einem harmonischen Umgang untereinander zurückfanden, als die Menschen die Dachterrasse des Riads verließen, stolzierten sie wieder auf den Mauersimsen umher - die Königinnen der Dachterrasse.

Über den Dächern der Medina

Glossar

Abaja	bodenlanger, mantelartiger Umhang
Adhān	islamischer Gebetsruf
Alaouiten	seit 1667 bis heute regierende marokkanische Dynastie
Almoraviden	marokkan. Berberdynastie, reg. 1061-1147 n. Chr.
Bab Rhemat	Stadttor im südöstlichen Teil der Medina von Marrakesch gelegen
Badi-Palast	Ende des 16. Jahrh. Von Sultan Ahmed el Mansur errichtete, weitläufige und außergewöhnlich prunkvoll ausgestattete Palastanlage
Baguette	Weißbrot
Bahia-Palast	Ende des 19. Jahrh. vom Großwesir des Sultans erbaute Palastanlage
Bakschisch	Trinkgeld
Briouat	gefüllte Blätterteigtaschen oder -ecken, marokkanische Vor- oder Nachspeise
Brochette	gegrillte Fleischspieße
Burnus	weiter, schwerer Kapuzenmantel
Casablanca	marokkan. Stadt an der Atlantikküste, größte marokkanische Stadt (arab. „Dar-al-Bayda)
Chachia	muslim. Gebetsmütze
Crêpes	dünne Form des Eierkuchens
Croissant	Blätterteighörnchen, beliebtes Frühstücksgebäck
Couscous	auch: „Kuskus", gedämpfter Hartweizen- oder Hirsegrieß mit Fleisch- oder Fischbeilagen und Gemüse
Dar	einfaches Haus

Darbuka	einfellige Bechertrommel
Dirham	(DH) marokkan. Währungseinheit
Djellaba	auch: Dschellabah; weites, meist knöchellanges, mantelartiges Übergewand mit Kapuze
Fadschr	auch: Fedschr, Morgendämmerung
Fondouk	frühere Herbergen für reisende Kaufleute und ihre Lasttiere
Fontaine	monumentale Brunnenanlage
Gnawa	auch: „Gnaoua", ethnische Minderheit in Marokko, aus der Sahara stammende Bruderschaft
Großwesir	Vom Herrscher eingesetzter Regierungschef eines Landes oder unterworfenen Gebietes
Guide	Fremdenführer
Hammam	arabisches Badehaus
Harcha	Grießgebäck, marokkan. Spezialität
Haouz-Ebene	ausgedehnte, fruchtbare, auf 400-500 ü.d.M. gelegene Ebene im Umland von Marrakesch
Jemaa el-Fna	auch: „Djemaa el-Fna", südlich der Souks gelegener, berühmter, winkliger Platz in Marrakeschs Medina, ehemaliger Gerichtsplatz, „Versammlungsplatz der Toten"
Kaftan	im Orient weit verbreitetes, mantelartiges Obergewand, meist aus Wolle oder Seide
Kasbah	arab. Zitadelle, Festung
Khobz	rundes Fladenbrot aus Vollkorn- oder Maismehl
Kissaria	überdachter Markt, Warenlager, gesicherter und abschließbarer Teil eines Souks
Koubba	Grabstätte, Grab eines Heiligen
Koummya	arabischer Krummdolch

Koutoubia-Moschee	Moschee aus dem 12. Jahrh., deren Name auf den ehem. Souk el Koutoubjn („Souk der Buchhändler") zurück geht; Wahrzeichen Marakeschs
Kufischrift	ältere arabische Schriftform, findet als Ornament in stilisierter Form Verwendung
Lawrence, Thomas Edward	britischer Offizier, bekannt als „Lawrence von Arabien", 1888-1935
Maghreb	arab. „Al-Maghrib" (der „Westen"), westlicher Teil der arab. Welt mit den Staaten Tunesien, Algerien und Marokko, im weiteren Sinne einschl. West-Sahara, Mauretatien
Majolika	farbige, glasierte Keramiktäfelchen aus gebranntem Ton; beliebtes Dekorelement
Marrakschi	auch: Mrrakschi, Einwohner von Marrakesch
Mausoleum	monumentale Grabstätte
Medersa	auch: u.a. „Medrese", „Madrasa", Koranschule, Hochschule der Islamwissenschaften
Medina	arabische Altstadt, arab. „Stadt"
Mehalabiya	Dessertspezialität, gekochter Sahnepudding
Meknès	marokkan. Königsstadt, ehem. Hauptstadt der Alaouiten
Mellah	ehemaliges Judenviertel
Meloui	kleines Pfannenbrot, marokkan. Spezialität
Meriniden	marokkan. Herrscherdynastie, reg. 1269-1465 n. Chr.
Mihrab	Gebetsnische in der Qiblawand
Moschee	ritueller Ort des Gebets, Versammlungsraum
Muquarnas	Stalaktitengewölbe
Neschi-Schrift	gewöhnliche arab. Kursivschrift

Pascha	Beamtentitel im osmanischen Reich
Patio	Innenhof eines Stadthauses
Patronne	Chefin
Petit pain	Brötchen, auch als süßes Gebäck, z.B. mit gefüllter Schokolade („Petit pain au chocolat")
Place des Ferblantiers	am Rande des Palastviertels gelegener Platz, „Platz der Blechschmiede"
Qahwadschi	Kaffeewirt, Bedienung im Teehaus
Qamis	knöchellanges, langärmeliges, baumwollenes Gewand; traditionelles islamisches Kleidungsstück
Qarqaba	metallene Handklapper, findet in Maghreb v.a. in der rituellen Musik Verwendung
Riad	privates Stadthaus mit begrüntem Innenhof, arab. „ar riyad" („Gärten"), wird in den größeren marokk. Städten zunehmend öffentlich als Gästehaus oder Restaurant genutzt
Ribab	Einsaitige Laute , v.a. im Südwesten Marokkos beheimatet
Saadier	auch „Saaditen", marokkan. Dynastie, reg. 1554-1667 n.Chr., erstes arabisches Herrschergeschlecht Marokkos
Sahn	Innenhof
Salade marocaine	typischer marokkan. Salat, vornehmlich aus Tomaten, Gurken und Zwiebeln bestehend
Settat	marokkan. Stadt rund 70 km südlich von Casablanca
Souk	auch: „Suq", arab. Markt- und Handelsviertel, in dem Waren teilweise auch produziert werden

Tajine	beliebtes Schmorgericht, bestehend meist aus Fleisch- und Gemüseeinlagen, Kartoffeln, marokkan. Nationalgericht
Tamburin	einfellige Rahmentrommel
T'bol	zweifellige, hölzerne Zylinder- oder Kesseltrommel, im Maghreb beheimatet
Zaouia	Sitz einer religiösen Bruderschaft, die der Heiligenverehrung dient, Wallfahrtsstätte